最美的生命

感恩所有美好，做一個歡喜的人

丹真絨布仁波切——著

感恩所有美好
做一個歡喜的人

此生，只為與你相見

丹真絨布

或許　你很難相信
去見你之前我已經開始思念你
一如　夢裡對母親無盡的思念

你一直在我心裡
沒有從前　也沒有永遠
我在娑婆世界的每一次跋山涉水
都只爲尋你
與你相見

尋你的路上
遇見了春光下的陰霾
盛夏遲暮的花
遇見了秋收時膨脹而貧窮的內心
還有冬日裡劃破了踟躕的光芒
以及 無窮無盡的生與滅
喜與悲

尋你的路上
我不斷和時間賽跑
因爲 我不希望
如影隨形的無常過早地破壞
我們之間的約定

我還帶上了一個叫「從容」的朋友
他會讓我們看清生命的真相
悅而不貪　苦而不怨
不亂了內心
不亂了方向

穿過白天黑夜　穿過大海草原
無論你我咫尺或天涯
無論你我緣深或緣淺
我無時無刻不在朝著你的方向　行走
因爲我想早一些　再早一些
與你
相見

最美的生命

我從小就生活在藏地，二十二歲之前一直在遼西寺佛學院松吉澤仁仁波切座下學習佛法，之後的十年間我又致力於重建色登寺，所以我的生活幾乎全和藏民有關，和修行有關。《最美的生命》這本書裡七十多篇文章所記錄的，都是我親眼看到的美好的人和美好的事。我認識的大多數修行人都內心善良，虔誠精進。可能他們中的有些人穿得很破爛，吃得很差，甚至有人連居住的地方都沒有，在很多世間人的眼裡幾乎就是乞丐，但我卻認為，因為信仰和善良的力量，使得他們的內心純淨如同水晶一般通透璀璨。看到這些純樸的人，我就覺得他們有著最美的生命。

首先，我想把這本書獻給書裡寫到的我的大恩上師和眾多修行者，當然也包括追求最美生命的你們！

我經常想起我的母親，從心底感恩她給予了我生命，給予了我一切。每個人都有生命，哪怕很小的一隻蟲子，牠也有生命。大家都覺得自己的生命很重要，所以我們要珍惜我們的生命，也要尊重其他生命。願大家都能夠在自己的父母面前盡孝，並將所有眾生都視為母親一樣去恭敬禮待！

我的母親曾經和我說過：在你以後的人生裡，也許你會擁有很多東西，比如地位很高，過得很快樂；也許你什麼都沒有，生活過得非常艱難。人生本來就是這樣，有高有低，有起有落，無論高還是低，都要保持平靜的心態。我們是釋迦牟尼佛的弟子，佛陀說人的本性是既沒有快樂也沒有痛苦的。佛陀的這個教言我們一定不能忘記。人生雖有高低起落，但人的本性是沒有快樂與痛苦的。能記住這一點並且做到無論處於什麼樣的境地，都保持清淨的人，我覺得他的生命是最美的。

所以，我還想把這本《最美的生命》送給我的母親和世間所有的母親。

有次我和一位朋友一起喝咖啡聊天，那天的天氣很好，大家的心情也不錯，聊得非常開心。當時那位朋友跟我說：我們今天的一切都是快樂的，但以後也許不會再有這樣的快樂了。因為可能我們再也沒有機會見面了；或者即使有機會再見面，那時也有可能會因討論一些問題意見不合而起爭執，或者是大家都各懷心事，總之再次碰面聊天的心態和現在不一樣了。

一切的本性都是無常的。在我們擁有快樂的時候，懂得珍惜就會更快樂，這樣的快樂也會更難忘。如果我們知道珍惜當下的快樂，至少那一刻、那一天我們的生命是最美的。在此，我也把這本《最美的生命》送給所有給我們帶來美好和快樂的人。

每當我講起自己在色登寺、遼西寺佛學院學習生活的故事，漢地的朋友們總是很喜歡聽，覺得自己對西藏和那些只在圖片看到過的藏民有了很多嚮往和瞭解。我很願意做大家的朋友，歡迎大家來西藏！

寫這本書，我是希望能夠把我關於生命和修行的思考分享給大家。如果這本書裡有一句話可以觸動你的心靈，使你更快樂，讓你的生命更美好，那我一定很歡喜！

紮西德勒！

丹真絨布

藏曆火猴年八月十八日

卷一
我小時候那些事

卷二 色登寺那些事兒

卷三

我所知道的修行人

卷四 做一個歡喜的人

卷五 修行到底要修什麼

卷一　我小時候那些事

1 我希望你快樂

歡喜是世間每個人都想擁有的，但是，真正能夠歡喜的人並不多，或者說能一直讓歡喜充滿心中的人不多。走在街上，我們大多看到的是沉重、迷茫而疲倦的面孔，因為，我們似乎知道要去的方向，但那其實只是今天要去的地方——家，或是學校，或是單位，一個暫時的目的地。因為對物質的慾望、對感情的放不下、對生死的無知，世間的很多人總是處在焦慮、急迫之中，很難有一點點的歡喜快樂。

我想談談歡喜心。

記得在我八歲那年，我媽媽陪我騎馬回寺院，她一路唱著山歌，歌的大概內容是：我們跋山涉水，一路上坡又下坡，走了大路走小路，然後我們還要過河，我們要走漫長的路。為什麼我們要跋山涉水地去趕路？這就是我們前世訂下的緣分，如果一路上你開心快樂，那你要珍惜；如果路上不順心，那我來幫助你懺悔，我希望你快樂……

當時，我們騎著馬，她在前我在後，不急不慢地順著路走，一路上果然和她的歌唱得一樣。那天，我很開心，因為專心聽著歌。現在我都清楚地記得當時的陽光、路邊的樹木和媽媽唱歌的聲音。

現在的我慢慢地理解了媽媽的心。她用歌聲陪伴我、告訴我：你這麼小就得離開老家去寺院，到那麼遠的地方去出家，一路上有上坡有下坡，就像人生，有順利的時候也會有不開心的時候；既然我擋不住你前世的緣分，但是我可以陪你走。你是活佛，這是你的特殊緣分。未來，也許你會很幸福，或者也會有痛苦，這都是你應該歡喜面對的。我只希望你快樂！如果你快樂，我祈禱你越來越快樂；如果你不快樂，我就祈禱來幫你懺悔，我希望你快樂！

這不正是大乘佛教徒的發心嗎？想要別人快樂、傳遞給別人快樂、幫助別人快樂。有人說：「人世間有這麼多的苦，我們每天都沉浸在煩惱裡，上師，您要我們思維人身難得、生命無常、輪迴過患、因果不虛，您讓我們要有真正的出離心，哪有什麼快樂呢？」

其實，我們生活在苦裡，我們要離苦，我們要救度別人一起離苦，這和我們現在要歡喜快樂並不衝突，因為，我們終於不再執著，也不再迷茫。在這一世，我們有了

努力的方向，知道什麼是解脫，什麼是成佛的道路，我們為什麼要不快樂呢？當然，我們也知道，在我們到達彼岸的路上，會有上坡下坡，會有坑坑窪窪，會有坦途，會有美景，既然這條路是我們必須要走的，所有的苦是必須要承受的，那麼，我們為何不以一種歡喜心去接受呢？

如果，我們每一天睜開眼睛，想到的是：「我要為了救度眾生而去學佛。」既然我們有如此大的願心，就不太可能沉溺於懈怠而不精進。如果，我們每天都懷有歡喜的心去看待每一件事物：下雨的時候，欣賞雨滴；下雪的時候，欣

賞雪景；花開的時候，我們歡喜花的美麗；花落的時候，我們歡喜果實即將成長；就算冬天樹木沒有了枝葉，我們也歡喜，因為樹木正在醞釀來年的綠葉和花朵。只要你心裡有歡喜快樂，所有的逆境和違緣都透過你的眼睛和你的心，過濾成幫助你修行的對境。

因為我們心裡面希望別人都會很快樂，所以我們要努力地修行。

我想把媽媽鼓勵我時說的話分享給大家：我希望你快樂！如果你快樂，我祈禱你越來越快樂；如果你不快樂，我就祈禱來幫你懺悔，希望你快樂！

2 不看、不聽、不想、不說

在遼西寺佛學院學習的時候，我和我一個同學住隔壁。那時我有一個答錄機，我經常在我倆吃完午飯以後，用答錄機放磁帶聽歌。

有一天他說：「我中午要打坐兩個小時，你不要放歌。」

我知道放歌會影響他，就說「好！」然後他就進去了。他在打坐之前，先洗了一件衣服掛在外面曬。

西藏的夏天，一會兒下雨，一會兒又出太陽。中午他進屋打坐，我就在自己房間裡待著，沒打坐，沒放歌，也沒唸經。不到半個小時，天開始下起雨來，幾分鐘後他就出來收衣服。

我問：「你打坐想起衣服了？」

他說：「我打坐就聽到雨的聲音，聽到雨聲就想起了我洗的衣服，就忍不住跑過來收衣服了。」

其實，我們大部分人打坐或者唸經的時候，往往都會這樣：我們想要安住，但是坐著坐著，就想起了各種東西。平時我們該想東西的時候想不了，但是一上坐，各種從來沒有過的念頭都會冒出來，這也是我們的一種障礙。我們心裡總是繫念著太多的身外之物，所有的東西都惦記牽掛著，就算是在打坐，我們的心卻一直睜著眼睛張望一切，伸著耳朵聽聞四方，任何風吹草動都能讓心去想、去念。

所以，一開始我們打坐的時間可以盡量少，但打坐的次數要多。比如打坐五分鐘，休息一下，再打坐五分鐘，再休息。要這樣訓練自己，不要輕易去起心動念，慢慢地，我們就能安住，下雨、颳風、別人大聲說話都打擾不了我們的心。

除了打坐，在生活中，我們隨時隨地都可以修行。

有一次，我和我的一個朋友走在街上，突然那個朋友說：「你看一下那個人。」

我說：「看什麼呢？」

「那個人走路很難看的。」

我說：「他走路好不好看，跟你有什麼關係？」

他說：「看到別人不好看的時候我就非常看不慣，心裡很不高興。」

我們有沒有這樣過呢？和我們有關無關的人，不管是做了什麼還是說了什麼，我們總要去聽、去看、去評論，然後心裡歡喜、討厭或者嗔恨，我們看不慣的人根本沒有意識到任何問題，而我們自己的心裡剎那間已經生起種種念頭了。

所以在很多時候，我們應該盡可能不看、不聽、不想、不說，不能老是看不慣這個人，看不慣那個人，覺得這個人說得不對，那個人做得有問題，總是有很多很多的意見。我們老是往外面看，就沒有可能觀自己的心和行為，我們要改變這樣的狀況，要時時看自己，時時觀自心。一開始你會發現自己的過去並沒有注意到的毛病，漸漸地，你還會覺得別人處處值得自己讚嘆，那時，你已經在修行中變得越來越好了。

3 不想讓注視我的人失望

現在想來，當我離開家來到色登寺出家的時候，我就已經是一個不願讓別人對我失望的人了，雖然那時我才四歲。

那時候是老喇嘛在照顧我，他會經常給我講很多高僧大德、成就者或者色登寺第十三世活佛的故事。這些人對我來說雖然陌生，卻讓我感覺很親切，因為我知道我每天學習的經典就是他們說的或寫的。我學習藏文、學習唸經，不管是學得好，還是出現了偏差，老喇嘛都可以找到一個合適的高僧大德、成就者的故事給我，他不用明確說什麼。我不願自己比我所敬仰的人差，我覺得他們都在某個地方注視著我，期待著我，所以我以後會加倍努力。

每年我的父母都會來看我，有時是父親來，有時是母親來，每次來都是住幾天就得回家了，然後留給我的是一年漫長的等待，但我覺得那些都是最幸福的日子！很多個晚上，我會因為想念父母而睡不著覺，但是我想，他們一定不希望看到我這樣，所以我

要好好的。我的媽媽也是一個虔誠的佛教徒，她希望我做一個戒律清淨的出家人，雖然她已經離開了我，但是，我覺得她的注視一直跟隨著我。

七歲的時候，我到遼西寺見到我的上師松吉澤仁仁波切。之後，注視我的人不再是古時候的高僧大德了，而是一個真實的、親切的、慈祥的、佛陀一般的老人。直到現在，他老人家的心還和我在一起。我想要把佛法學得更好、事情做得更好的動力就是：我一定不能讓關注著我、教導著我的上師仁波切失望！所以，當我的上師讓我回色登寺重修大經堂時，雖然當時我沒有任何錢，要完成這個使命比登天還難，但是憑著對上師的信心和對色登寺的責任感，我很快回到了破舊的老寺院，開始艱難地重建。因為，我不想讓注視著我的人失望，不管是色登寺的喇嘛覺姆、寺廟遠近的村民信眾還是我的弟子，我都想讓他們滿願。

漸漸地，我有了很多朋友，也有了很多的弟子，有了許多對我很有信心的人和喜歡我的人。不管他們見不見得到我，我想我都不能讓他們失望。

我希望，我一生當中能夠一直這樣努力弘法，幫助眾生。希望那些注視我的人，在我離開這個世界的時候會想：色登活佛，他走的時候什麼財產也沒留下，但是他的一生都在堅持他的佛教觀點，他幫助過那麼多的眾生！我曾經喜歡過他，對他有信心是沒錯的！

我希望我能成為這樣的人。

我想我走的時候什麼都可以放下，不像世間的人要留下很多房子和錢才覺得踏實。我是出家人，就是不需要這些東西才出家的，死的時候我更不需要這些東西來牽掛我的心，乾乾淨淨，就彷彿我剛來到這個世界的時候一樣。我覺得一個好的出家人就應該是這樣。

有人說，您在寺院裡做了那麼多佛像，又建了壇城，會不會有牽念呢？

我想，我發心修建一座凡與之結緣都能夠獲得解脫的中陰文武百尊大幻化網壇城，並不是因為有很多的錢才去修建，也不是為了給自己建一個牽掛的，我是為了能讓眾生得到真實的利益。如果真有一些執念，我肯定會放下，但這是善緣。很多美好的東西如果執著了，過於喜歡，喜歡得放不下了，那反而成了困住我們的枷鎖。我們就應該把那些美好的人和事，當成我們修無常的一個對境。

在我開心的時候會感恩這份善緣，因為這是我的福報。在我不開心的時候，我會想這也是我的緣分，我應該歡喜接受，努力懺悔，然後我很快就又開心起來。這，就是漢地人所說的境由心轉吧！

4 除了思念，我還能用什麼來愛您？

其實，我對母親的思念，不只是在法會、節日或漢地的清明節才有的。

母親在我十一歲的時候去世。我在離開母親被迎請到色登寺出家之後，每年只能和母親有短暫的幾天相見。從世間的親情來說，我和母親團聚的時間很少很少，但是，她卻是和我緣分最深的親人，因為，至今我還在感受母親給予我的教育和溫暖，我清楚地記得她和我在一起時所有的歡笑和那些快樂時光。直到現在，每當我修行時面對困頓，面對疾病，感受飢餓、痛苦和寒冷的時候，我都會想到我的母親。對母親的思念總是無窮無盡，如影隨形而刻骨銘心。

在傳統的清明節，對於亡故的親人，除了思念，我們還能用什麼來愛他們？

漢地的經典裡，釋迦牟尼佛在忉利天為母說法，地藏王菩薩去地獄救母，這是佛菩薩的孝道和超渡。那麼，我們凡夫人的孝道和超渡應該是怎樣的呢？

每當我在開始聽法或講法的時候總會說：天下所有眾生都曾經做過我們的父母，為了救度他們暫時得到安樂、究竟成就佛果，我們要專心聽聞佛法，之後精進修行！這時候，我就會想到我的母親。

我一直在告訴自己，我要救度她！我要救度一切苦難眾生！我不能為了自己的舒服和享受而放棄。母親去世二十二年了，但是，我從來沒有停止對母親的思念；我在所有的法會、傳法和每一天的早晚課上，都會為我的母親做祈禱迴向。所以，我們對親人的超渡應該是長久不停歇的。

你可以發願：我要讓我愛的人真正離苦，讓他們和我一樣，能夠聽聞佛法而精進修行。為此，你能做的事情有很多。你可以根據你的情況選擇行持供養三寶、供燈、唸經、唸佛號、持咒語、施食超渡、掛經幡、抄經、幫助窮苦的可憐人等善法。以後，你在行持所有善根的時候，記得要在心裡發願，而且要把這個功德迴向給你的親人和眾生，讓亡故的人藉此功德不再受苦，並且能夠往生淨土；讓健在的父母親人身體健康、平安吉祥。就算我們的祖先親人已經亡故抑或是往生千百年，只要我們誠心地將功德迴向給他們，都是能夠利益到他們的。而且，我們想要幫助他們，任何時候都不會太晚；不管他們是多久以前去世的，對他們都會有幫助。

但是，千萬不要為了緬懷自己的親人而去造作殺業。用殺雞宰魚的方式祭奠亡故的親人，這無異於在加重親人們的痛苦。

心的力量是非常強大的！你的願心可以和佛菩薩連接，可以和你亡故的親人連接，只要你真心真意堅持去做，他們一定會得到最究竟的解脫；那麼，你真的是用你最好的方式愛和利益了他們。關鍵是你要去做，並且是長久不停歇地去做。這不是負擔，而是你做為大乘佛子，愛你親人的最好方式，也是你幫助眾生的最好方式。

5 我們的心就像一面鏡子

很小的時候我就在色登寺生活，寺廟是我的家，老喇嘛、堪布和管家就是我的家人。我所受的教育就是佛教，上師、老喇嘛告訴我最多的就是：你要度眾生。

而我，從四、五歲起遇到任何事情，總是以佛教的觀點去看待、去思考，所以直到現在，在我心裡很難會有自私的想法。就算小時候有特別難過的事，我也只會在佛菩薩面前祈禱懺悔，而不會怨恨，更不會起惡念。等我年齡越來越大後，早就忘記了過去不愉快的人和事，心裡很輕鬆。而世間的許多人，包括有些學佛的人，雖然已經認識到應該放下，也在進行聞思修了，可是往往行為上出離了，心卻還沒有出離，計較很多人和事。所以，我們要時刻關注自己的發心，無論做什麼事情，僅僅想了就做還是不夠的，更要觀察自己做這些行為的動機是什麼，是不是只為了自私的願望？

僅僅能放下過去的煩惱還不夠，我們還要學會不被眼前的東西牽扯。

有時我們特別容易被外在的景象所吸引，比如好看的衣服，豪華的房子，都是我們

喜歡的。我們看到漂亮美好的東西會心生歡喜，在我們看到別人擁有這些時應該發自內心隨喜，但很多時候，人們沒有管好自己的心，就會有執念和貪心，會想著如何才能像別人一樣擁有這個，為了擁有這個我該做些什麼，一時間雜念紛飛。當我們眼睛看到的美好進入了心，開始起心動念，又產生出種種念頭的時候，我們就該提醒自己了。

我想，我們需要隨時關照自己的心，然後才可能發現，這個自以為在修行的心裡，居然有那麼多雜念啊！

我們的心就像一面鏡子，所有映現在上面的東西，都似乎是我們不能掌控的：我們眼睛看到的、耳朵聽到的等所有感知到的，全部都真實反映在我們的鏡子裡。但是，做

為一個修行人，如果我們想要把心安住在寧靜裡的時候，就要訓練自己能控制自己的心。這樣慢慢地，在我們的鏡子裡什麼也不會留下了，花依然會開，雪依然會下，但是都沒有痕跡了。我們眼睛看到了這個，但是在我們心裡的鏡子上，卻什麼也沒有；我們耳朵聽到了那個，但我們心裡的鏡子上，也什麼都沒有。所以，雖然外物外境映照在我們心的鏡子上，但卻什麼都沒有留下，正所謂心能應物，過去不留。我們要學會安住在安寧裡，把心裡的鏡子漸漸變得空蕩蕩，我們身外依然繁華熱鬧，內心清清楚楚，可是卻什麼東西都沒有留在上面，就這樣安住，不起心動念，不來也不去。

可能這需要很久很久的時間，才可以透過修行訓練慢慢達到，也可能只需要一瞬間，只要你願意。

那時，你會發現，連這個鏡子也是不存在的。

6 我去過的金剛亥母淨土

色登寺附近的村民和僧人們都知道，色登寺的金剛亥母洞是真實的金剛亥母淨土。伏藏大師仁增江村寧布在《日沃白瑪神山金剛亥母洞誌》裡授記說：金剛亥母洞是通往香巴拉淨土之門，未來劫末這個世界即將毀滅之時，眾生會遭遇無邊苦難。那時香巴拉淨土的佛菩薩將通過此門過來拯救眾生，大家通過此洞就可以到達香巴拉淨土。

在我很小的時候，色登的老喇嘛經常跟我講，二十世紀六〇年代他還年輕時，曾經在金剛亥母洞裡待過，那時可以清晰地聽到洞裡傳來六字真言和僧人們吹打法器唸經的種種奇妙聲音。很多次他都說他知道，金剛亥母洞裡真的有一個淨土。每次說這些的時候，他的臉上就滿是神往和虔誠。

於是，十一歲那年，我和一個朋友決定親自去金剛亥母洞看看。

去之前，我們準備好了糌粑和水。我問朋友怕不怕，他說，如果真回不來了，那就更好了，至少我們死在了淨土！

我很隨喜他的信心。

金剛亥母洞在色登寺附近陡峭險峻的山崖上，需要很小心才能慢慢爬上去。金剛亥母洞雖然很殊勝神奇，卻不是人人都可以進得去，它的洞口非常狹小，據說是鄔金第二佛蓮花生大士用金剛杵挖出來的。老喇嘛說過，那個洞口只有業障清淨、戒律清淨的人才能通過，而一般人只能被擋在洞外。洞口有一座半截石橋，根據伏藏大師們的授記，這座石橋就像一個時鐘，記錄著我們這個世界的時間，等到石橋全部消失不見的時候，這個世界就將毀滅。

等我們走了三個多小時到了金剛亥母洞，突然看到洞口的石頭上盤臥著兩條蛇，一條金色，一條黃色，但是我們並沒有覺得害怕。朋友說把牠們捉回去！我說那可不行，說不定是金剛亥母洞的護法呢！我把糌粑拿出來供養，兩條蛇居然吃了糌粑後讓開了路。

我們坐在石頭上休息，喝水吃糌粑。《金剛亥母洞誌》說：如果在這裡能找到二十五塊像甘露丸一般大的黑色小石子吃下去，今世就可以報答父母的恩情，而且一定能救度眾生。這都是我們想要的，於是我們就開始找石子。

朋友跑到很遠的地方才找到了幾顆，而我發現我的腳邊就有這樣的黑石子。朋友說他一顆也嚥不下去，我找到了二十五顆，一口氣就吞了下去，覺得好開心！

金剛亥母洞的進口處非常窄，很多地方需要艱難地爬過去，而有些地方連爬都很困難。我們唸著蓮師祈禱文繼續走，覺得很熱又很渴，但我們帶的水已經喝光了。朋友怕了，他小聲說：「活佛，要不我們回去吧！」

「我才不會回去呢！」我說：「你早上發心那麼大，現在怎麼害怕了？」

他嘆氣說：「那我要好好發願！」

慢慢走著，我們到了金剛亥母洞最狹小最曲折又最難通過的地方。朋友說：「活佛！你得走在我後面，如果我卡在裡面你還可以幫我唸經推我。如果你在前面進去了，那我肯定就進不去了。」他一邊唸著金剛薩埵心咒一邊努力順著山洞往前爬，卡住了，我就在後面使勁兒推他。有幾次他說他完全被卡在石頭裡一點也動不了，我們只能聽到自己的喘氣聲，但是我們都在不停努力。

不知過了多久，在已經完全筋疲力盡的時候，我們終於進入了金剛亥母洞裡面，我立刻就被震撼了，覺得這裡真的就是金剛亥母的淨土！

我的眼前全是洞壁上大大小小石頭自生出來的佛像，有中陰文武百尊在內的眾多本尊、千手千眼觀世音菩薩、二十一度母，面目神態都十分清晰，還有八座自生的舍利塔。洞裡滴著水，伏藏大師說這是長壽佛的甘露。雖然我的眼睛看到的是自生石頭像，但我

一直能感覺到這些佛像正在對我放著光芒。我覺得這個洞彷佛宮殿一般，那些石頭上自生的佛像正在加持著我，我感受到言語無法描述的美妙。我不想離開了，決定今天不回去，就住在這裡。可是我的朋友卻覺得害怕，他說他很冷，如果讓他再多待一會兒就會呼吸不了了！

我倆唸了蓮師儀軌。我發了一個願：從色登寺第一世活佛到第十三世活佛，時間至少過去了五百多年，往世活佛在這五百年裡曾經唸過的所有心咒，我這一生要全部再唸一遍！

我的朋友家裡很貧寒，他發願說，希望他的父母每天都能吃到酥油。

回到色登寺，老喇嘛知道我們去了金剛亥母洞非常高興，他告訴我說，色登寺第九世活佛根噶諾布尊者是嘉慶皇帝的國師，他的一位弟子名叫白瑪次仁，在金剛亥母洞修過大樂蓮師修法，以大樂蓮師為本尊，以金剛亥母為空行。當時白瑪次仁剛圓滿了三年三月三日的閉關，他來到金剛亥母洞，打算繼續閉關修法。那天他進入洞口後，卻沒有看到往常的洞，而是看到了七座大山，然後又看到了七個湖泊，之後就來到了金剛亥母的淨土。當年白瑪次仁喇嘛所修的大樂蓮師修法極其稀有珍貴，蓮師離開藏地時就曾授記過大樂蓮師及其修法在末法時代五濁深重之時最具有加持力：只要用大樂蓮師像加持亡者就可獲蓮師親迎，大樂蓮師既是八大藥師佛的總集也是五方財神的總集，種種功德難以盡述。正是以此殊勝修法，白瑪次仁喇嘛才得以進入金剛亥母淨土，獲得成就。

這就是我十一歲時去金剛亥母洞的親身經歷，現在回想起來還是覺得有許多殊勝奇妙的感受。後來我知道，也有虔誠發心的師兄們和漢地的居士們進去過，見到了那些自生佛像，而每個人都有著不一樣的感受。讓大家覺得不可思議的是，不管年紀是大是小，人是胖是瘦，他們都覺得自己是在被四壁岩石卡得非常緊的情況下努力擠進去的。每個人的身材胖瘦並不一樣，石頭也根本不可能隨人的身體大小而伸縮，卻並不是只有特別瘦小的人才可以進洞，這應該感恩佛力加持吧！

白瑪次仁喇嘛在淨土裡修了七天法，並帶回了一些淨土聖物。他當年閉關修法所用的法本經過了許多坎坷，目前存於色登寺，由我一直珍藏著。這麼殊勝的法，如果沒有人知道，沒有人發願去修，那真是太可惜了！

我希望大家能早些知道佛法，知道生命無常的道理，我也希望每個佛的弟子都實實在在生信、發願、去修大樂蓮師，得到世間和出世間法的福報和智慧。

7 心

我在遼西寺佛學院跟我的上師學習之時，有好幾位師兄跟我一起修大圓滿。

上師是分批給我們傳授大圓滿法。有個師兄跟我不是同一批接受傳法，我在前面，他在後面。上師傳了大圓滿後，每隔一週或者半個月，就會有一次考試，由上師親自考我們。

那天上師問他：「有沒有心？」上師讓他尋找這個，然後他就回去了，去尋找這個心。

心在哪裡？我們所有人都認為心就在胸口。等到師兄去上師那裡彙報時，上師又問：「有沒有心？」

他說：「有。」

「在哪裡呢？」

「就在這裡。」他指了指胸口。

上師說：「這是一塊肉，哪裡是心呢？」

師兄說：「就是這個，這就是心。」

其實我們很多人認為的「心」，只是我們胸腔中的一塊肉（心臟）而已，在我們離開的那一天，可以說它就是一塊石頭，也可以說是一塊泥巴。過去、現在、未來的事情，它都想不了。我們現在想的這些「念頭」，是因為我們有執著、有分別才想出來的——而這個能執著分別的東西並不是「心」。

心的本體叫做佛性，佛性是非常純淨的。我們現在想的不叫「心」，這叫「執著」。

證悟空性以後並不是什麼都看不見、聽不到，一切都能看見，也聽得到，但是沒有執著和分別。如果我們證悟之後就會知道，這時候我們處於一種非常清醒和理智的狀態，可以說

非常冷靜，清晰地知道：一切都是空性的。但是面對眾生的時候，我們會自然生起慈悲心。

佛性是什麼呢？佛性是慈悲和空性的結合，因此慈悲是佛性自帶的屬性，所以這個時候我們的慈悲是自然而然產生的慈悲。

因為具備空性智慧的緣故，所以一切眾生對我們來講，沒有什麼可以執著和分別的；但我們清醒地知道，當一切眾生還不明白佛性、沒發現佛性、不知道佛性的時候，他們的心相續中還充滿了執著和分別，所以非常痛苦，因此，我們會自然性地生起非常強烈的慈悲心。

比如我今天安住在空性、本性上面，明白了這個本性以後，我沒有了執著——痛不痛苦、難不難受，對我來講沒有一點分別。我沒有這些執著，但是我知道其他人還沒明白，他們有好和壞的感受，所以我就會生起一個強烈的慈悲。

重新回到前面我講的問題，上師問：有沒有心？

答案是找不到心。尋找這個心，是找不出來的。

心的本體是什麼樣的呢？就像虛空般一樣。

我們認為天空是藍色的，用手去指，說天空是那個，旁邊的人也把頭抬起來往上看，認為那就是天空。我們只能心裡這樣想，除了這個以外，天空到底在哪裡？到底能不能摸到碰到？永遠碰不到也摸不到的，因為沒有一個具體的東西。

所以，我們的心到底在哪裡？

我們去尋找的話，也是永遠找不到的。心的本性是空性的，就像剛才前面說的「虛空般一樣」。

但是，空性是不是說什麼都沒有，比如天空中什麼都沒有嗎？也不是這樣，它非常清淨，也是光明，也是如來藏。

心的本性是佛性，就是空性。空性就是什麼也沒有嗎？不是的，不能說什麼也沒有。但是它又無法用語言來描述，只能說，心的本性就像水晶一樣，非常純潔，非常純淨。

8 我想成為這樣的人

七歲那年，我第一次見到我的上師仁波切。直到現在我都清楚記得，那天他是怎樣走到我的面前，又怎樣把一條哈達掛在我的脖子上——他彎下腰，雙手握著哈達，用額頭碰我的額頭，我立刻就感覺到無比的幸福和溫暖。他笑著說，這個小孩很聰明啊！之後，我的上師就像佛陀一樣，再也沒有離開過我的內心。

許多年過去了，我看到，我的上師幾乎沒有讓他身邊的任何一個人失望過，總是滿足各種人對他的各種要求和願望，也包括我。

記得我還在遼西寺佛學院學習的時候，有一次在山上見到一隻老鷹在捕捉野兔，當時我無法救下野兔。等老鷹飛走後，我趕緊跑過去，此時可憐的野兔已經被鷹爪抓得血肉模糊。我把小野兔從山上抱回住處，沒多久牠就死了。當時，遼西寺正在開一個週期很長、有上千喇嘛參加的大法會，當然，主持法會的是我的上師仁波切。那時我非常想請求上師為這隻野兔做一個頗瓦來超渡牠，但是，想要正在開大法會的上師來幫助我實

現這個願望，實在不太可能。

那天我對著野兔的屍體糾結了很久……

第二天法會結束時，我鼓足勇氣抱著野兔請求上師，上師立刻答應了，並且在佛學院的廣場上召集所有的喇嘛一起為這隻野兔做了頗瓦。

直到今天，我還記得那天的情形。那個時候我就想，我一定要學習上師，要做個像他一樣的人，有智慧和能力救度眾生。更重要的是，我要和上師一樣對所有眾生都慈悲，不讓對我有信心的人失望。

我想，在當下的時代，能夠遇到具德的上師是很難得的，一個具德上師能遇到一個根器好又精進的弟子，也是難得的，得雙方累世的善緣俱足才行。這是上師的福報，也是弟子的福報。所以我很感恩，我的福報很大，我的上師仁波切是一個真正的具德上師，我很幸運，遇上了他真的很開心！而且同時我有許多好弟子，這也讓我很高興！

近來我一直在寺廟講《大圓滿前行引導文》，我開始重新思維：我覺得我的上師就是佛陀，給我修行的方法、力量和智慧，但是我想，做為這樣偉大上師的弟子，我自己的修行是不是很好呢？

在遼西寺佛學院跟隨上師學習的時候我很精進，而現在我一直忙於色登寺的建設和色登寺佛學院的教學管理，完全沒有在上師身邊時那樣精進。我很慚愧，這並不是上師的原因，完全是我自己的問題，以往那些具德上師們修行都很勤勉，我現在想起這些心裡就有些難受。我們遇到了好的上師，就應該珍惜向具德上師學習的機會。其實只要好好精進修行，這一世想要解脫是沒問題的，我們不需要去打卦猜測就能判斷出來，只要按照上師的安排好好修行就一定可以的。

我們每個人在成長過程中都會遇見很多人，有善緣有惡緣，這是我們累生累世做的這樣的因，所以現在有了這樣的果。我們以往積了很多的善根，所以這一世我們遇到了好的上師、好的家人、好的朋友。但我們在凡世裡難免會有繁雜事情纏繞著我們的身心，那我們就應該時常提醒自己，不要忘記自己發下的願，更要清楚我們最終要去淨土，這樣，我們就不會懈怠修行了。

9 最大的快樂是知足

在藏地，我們吃的東西主要是青稞和酥油茶。

七歲時我去了遼西寺的佛學院，在那裡，我們每個出家人每年都要用四個月的時間到遠近的村子去化緣，兩個月化緣酥油，兩個月化緣青稞。如果是出了遠門，便會一連十天半月隨緣借宿在藏民家裡。那時候我小，只要化緣到五百斤青稞，我就會高高興興回到寺院，然後一年的時間裡就可以安心學習經論，而不用為吃的東西擔心了。

記得我八歲那年跟著幾個喇嘛一起翻山越嶺去化緣。那天一早就在下雨，我披著一個很大的羊毛雨披，騎著馬從早上七點走到下午六點，卻仍然沒能化緣到吃的東西。羊毛雨披非常吸水，雨不大卻一直下個不停，雨披就越來越重地壓著我，而我又冷又餓，幾乎麻木在馬背上。天快黑的時候，我們終於在一個村子的老阿姨家落了腳。她幫我把羊毛雨披脫下來時，才看到我的臉被磨破了一直在流血，而我已經凍得沒有知覺。老阿姨哭了，我卻不怎麼難過，反而很高興，因為那天她給了我們一些酥油和青稞，而且還

做了很熱很香的酥油茶給我們喝。

我想，那樣的快樂是因為我的滿足感：我從沉重的羊毛雨披下解脫出來，到了沒有風雨的溫暖屋裡，吃飽了飯還可以在乾燥的草叢裡睡到天亮，多麼好！

什麼是滿足？飢餓的人只要有一口熱茶就會滿足，而許多人的財富足夠吃飽喝足乃至幾輩子也用不完，可是他永遠也不覺得滿足，總是在焦慮各種危機，想要賺取更大財富才覺得心裡踏實。

還有一種人，總是拼命追求，說只要達到目標後，就安下心來做他們想做的事情。他們常會這樣說：上師，等我這個工程做完我就開始修加行！或是說，等我的公司上了市，我再賺了更多的錢，我就給寺廟做佈施。這樣的人，他從來沒想過，就算是擁有了很大的財富和成功，在他心裡也不覺得多，因為他不滿足，永遠會有更大的目標在等著他去實現。他不會想到人的生命無常，隨時都會沒有修行的機會，而他所在意的一切都得留在世間根本無法帶走。

這樣的人不會有快樂感和幸福感。

既然我們相信佛法，就應該珍惜難得的人身。如果把這個生命都用在累積財富的數字、博取名聲這些事情上，把福報都消磨在不必要的享受裡，那真是太可惜了。

懷有感恩心和滿足感，我們才會擁有快樂和幸福。

10 這是我的理想

我第一次思考「理想」這個詞，是在我十幾歲的時候。

那時我還在遼西寺學習。有一次，我從遼西寺回了趟色登寺，再返回遼西寺時，路過了一個鄉鎮。

和我結伴的是一個和我年齡一般大的小喇嘛。那天正值盛夏，天氣特別熱，一路上都在塞車。我們非常口渴，因為平時難得喝到可樂，於是在等車時，我們就買了一瓶大瓶裝的可樂。

我們一人一口地喝，喝到一半的時候，他說：「活佛，天氣很熱，可樂也很熱，不好喝！」

確實是這樣的，可樂的味道很怪。

這時，我們看到不遠處有條小河，他就跑去把可樂放在水裡，用石頭壓住，然後去了廁所。很長時間沒見他回來，我就去看可樂，發現可樂已經被水沖走了！這時他剛好從廁所出來，我們就一起跑著去追可樂。

攆著追了好久，可樂還是漂遠了。我們心疼極了，沮喪地回來後又發現，我們放在馬路邊上的那包食物被人拿走了！於是我們什麼也沒有了。

這時汽車來了。還有很遠的路途呢！我們口袋裡的錢，只夠買兩塊錢的包子和一塊錢的涼拌菜。我們剛買好吃的東西，車就開動出發了。

在車上，一下午的時間我們就吃完了所有買來的東西。凌晨，睡得迷迷糊糊的我們突然被推醒，司機說：「車到了，快下車！」於是我們就趕緊下了車。

下車的地方是一片草地。因為實在太睏太累了，我們就躺在草地上，而且立刻就睡著了。

不知道睡了多長久，我聽到有人在頭頂處走動的聲音，並且聲音越來越雜亂，還有人在說話。我睜開眼睛，發現我們躺的地方是在道路的旁邊，許多人就在我們頭頂邊上走來走去。

我們趕緊坐了起來。這時一個慈祥的阿姨跑來問我：「小喇嘛！你們是從哪裡來的？」我說從芒康來。估計當時我們的樣子看起來非常飢餓，阿姨看我們的眼神裡充滿

了同情。她讓我們去她家裡吃飯，

我們幾乎沒有猶豫，立刻就答應了。

我們來到了阿姨的家。她家有一台黑白電視機，當時正播放一部抗日的電視劇。我小的時候就看過電視，但跟我一起的小喇嘛卻從來沒有見過電視機。他立刻就全身心投入到看電視裡了，瞪著眼睛，微微張著嘴。阿姨給他倒了茶，他完全沒有發覺，也顧不上喝了。

阿姨看到我們這樣，似乎更同情我們了。她問我們要去哪裡，我說要去我們上師的寺廟遼西寺。阿姨擔心地說：「要去那麼遠的地方呀！可千萬要小心啊！你們什麼也不懂，還要去找上師？行李都丟了，還要走那麼遠的路！天哪！」她說她從來沒有想過，在這個時代，什麼都沒有的兩個小孩，要去找上師學法！

去遼西寺方向的汽車不是天天都有的，阿姨讓我們調整一下，最好先在她那裡住幾天，等車來了她送我們走。我們確實也沒有別的辦法，就同意了。阿姨讓她的兒子去幫我們打聽什麼時候會有汽車來。

然後，我們就開始過上好的生活啦！

阿姨很高興我們能留下來，立刻為我們做吃的。我們吃著糌粑，喝著酥油茶，阿姨就像媽媽一樣坐在旁邊看著我們，我們多吃了一點，她就特別高興。

在我們藏地，如果在茶裡多加些酥油就會更香，阿姨就盡力讓我們多吃一些酥油。當她看到我們並不愛吃酥油後，就去為我們煮湯。她說：「小孩子們都不喜歡吃酥油，年輕人不吃好東西就不容易長高長胖，你們去那麼遠，這幾天一定要多吃些！」

除了吃東西的時候，同伴就一直在看電視。他幾乎保持同一個動作固定在電視機前，夜裡幾乎都沒睡覺。

有一天，天氣很好，不冷也不熱，我和阿姨就在她家門口聊天。

她問我：「你們以後想成為什麼樣的人呢？你們真是為了解脫才去學佛的，還是因為寺院的要求，你們必須這樣，才去吃這些苦的？」

我說：「我是因為愛好學法，我天生就愛修行。有的孩子喜歡玩耍，有的喜歡吃，有的喜歡看電視，而我就是想尋找一個具德上師，跟著他學習佛法、打坐和聞思！」

阿姨看著我說：「我覺得你的想法非常對！我也是這樣想的。我和我的丈夫都是這樣想的。你是一個有理想的喇嘛！」

她告訴我，在她年輕的時候，她的丈夫很窮，靠刻瑪尼石過日子，而她的娘家很富裕，不同意他們結婚。她覺得她喜歡他，願意為他吃苦，所以他們就逃離了家鄉到這裡生活。她這一輩子過得很開心，雖然有時候很累也很苦，但她覺得很幸福。

阿姨說：「這是因為我在幹我自己喜歡的事，所以什麼都能放下，只要我們倆能在一起就成功了！你們是出家人，我看你一直這麼陽光，這麼歡喜，我想，你尋找自己的理想肯定也是沒錯的。那你就去好好尋找！」

我們聊著聊著，一天很快就過去了。

第二天上午，阿姨的兒子帶回來消息說下午就有去遼西寺方向的車了，我們聽到後非常高興。阿姨有些不捨，她的樣子我現在還記得很清楚。

在那之前，沒有人和我聊過人生和理想，而這次的交流對我來說有非常大的影響。有一個人，能夠用世間的事情來告訴我「堅持自己的理想，為喜歡的人或事去努力，這是值得的」。而這個人一點也沒有認為我才十多歲這麼小還不懂事，反而很真誠地把她的故事告訴了我並鼓勵我。直到現在，我想起來那天的情景就覺得非常溫暖。

我們在人生的路上，總會遇上這樣那樣的人和我們同行，他們影響著我們，溫暖著我們。我很多時候會想，願我們自己也能用善知善念去影響身邊的人，照亮別人的生命，溫暖他們的人生，這樣有多好！

卷二 色登寺那些事兒

1 除了心以外，沒有這個世界

前些天，寺裡下了一場大雪。我拍了幾張照片發給漢地的朋友，朋友感嘆雪景的美麗，然後又告訴我說他們那裡春花已經枯萎凋謝，現在是櫻桃和草莓的天下，馬上又該到吃枇杷的時候了。

一場繁華落去，另一場繁華復來。

對於這場雪，寺裡和周邊的人沒有特別欣喜，也沒有特別地煩惱，海拔 4000 米的高原，七月飄雪都不足為奇。寺院小賣部外的長凳上，與往常一樣，三三兩兩坐著大人和小孩，他們和來來往往的人打著招呼，說說笑笑，也不斷有過路人停下腳步參與其中。這場雪下得多大，會下多久，似乎跟他們毫不相干。或許，在他們眼裡，下一場雪，就和每天抱柴升火、燒水煮茶一樣，是一件再平常不過的事情。雪再大，掃帚門前一拂，就有一條路可以像往常一樣進進出出。轉眼間，太陽光芒萬丈，積雪漸漸消融，什麼都在發生著，又像什麼都沒有發生。

「昨晚下雪的聲音好大，唰唰的，你聽到沒有？」

「沒有啊，他們告訴我下雪了我才知道。」

下雪了！有的人是用耳朵聽見，有的人是透過眼睛看見，有的人，是在他人的言語中想像見。其實，不管是聽見還是看見，或者是想像，這「雪」，實際上只是我們心的幻化。在我們各自的心念中，雪有著萬千形象：熱戀中人，雪是漫天飛舞的花，潔白而無瑕；詩人眼裡，雪是落入掌心的一顆淚，是生命的告白；對夜歸人來說，雪是裹住腳步的泥濘，是推不開的門；而雪如果飄在一個病困者的窗外，便是堵在胸口的三尺之寒，是一戳就破的泡沫……

輕的重的，緩的急的，熱烈的落寞的，清淨的污濁的，我們就在我們妄想的雪境中，或歡喜或悲傷，或期待或絕望，反覆浮沉。

雪過了無痕，而我們的心，卻已經被它牽著跑了很遠。等回過神來想想，雪真實存在過嗎？沒有，與夢無二，就像「我」從來都不存在一樣。我們看到的、聽到的、感受到的一切，都是我們心的執著而已，除了心以外，沒有這個世界。

如果，你聽到花開的聲音，那是因為你的心裡，有花在開。

2 你真的有信心嗎？

許多人告訴我，他對學佛很有信心，對我也很有信心，我很隨喜大家。因為這不是今生今世才種下的福德因緣，而是累生累世所積善緣形成的。

但是，我還是想問一句：你真的有信心嗎？

前些天我去了牧場，一個老牧民去世了。那裡離色登寺很遠，得先坐車然後騎馬才能到他的家，來回要八個多小時。當時我們寺院去了十個出家人，為這個老牧民唸了兩個多小時的經文。以前我去亡人家唸經的時候總是早上去，夜晚住在那裡，第二天再回到寺院，而這一次時間不允許。儘管我很想多為他唸經，在他家裡多待一會兒，安慰他的親人，但是這些天我每天早上要給色登寺佛學院的喇嘛們講《前行引導文》的課程，不能耽誤，因此，我們只好連夜騎馬坐車返回寺院。我們離開的時候，那個亡人的家屬希望我能停留一晚，因為他們擔心唸兩個多小時的經並無法超渡他們的親人。

其實，如果我們對上師有足夠的信心，不管是唸經十分鐘還是一天，甚至上師沒有在現場，亡人都能得到超渡。但是，我們世間的人執著的是形式，其實這還是對上師沒有足夠信心的表現。

我們寺院附近有一位老人，以前對佛沒有信心，也沒怎麼修過法。後來她到寺院聽了我講的《前行引導文》和《佛子行》的一些課程。我告訴她，要是能修完五加行的話就非常好了。聽了我的話後，雖然不識字，但她還是努力地修了一遍五加行，之後又修了上師瑜伽，求了竅訣。在修竅訣的第一步時，她生了重病，這時我去她家裡，為她做不動佛灌頂。

她對我說：「上師就是中陰文武百尊！」

那個時候她就安住在這個境界上了。我想，是加行的加持力讓她產生了穩固的信心，在最後的時候把心調整好了。

我們對佛的信心應該是有智慧的信心，而不是盲目的信心。對於上師，我們應該有觀察，而不應該是盲目地覺得這個出家人穿得好，名氣大，或者別人說他有什麼神通就產生了信心。宗喀巴大師在《菩提道次第廣論》裡、華智仁波切在《前行引導文》裡、阿格旺波尊者在《前行備忘錄》裡都專門講了如何依止善知識，那才是真正的信心。如果僅僅憑著我們去了幾次寺院，見了幾面這個出家人，或是聽到看到一些瑞相就突然有了點信心，那這個信心就是世俗的信心，因為這個信心也是無常的。

我們需要的信心是穩固的、智慧的信心。

就像是小孩子看到父母就感到溫暖有安全感一樣，我們看到真正有緣的上師，往往願意和他親近，這是信心的基礎，下一步才會想要瞭解上師的功德。然後我們就想更親近一些，慢慢地，信心越來越大。再然後，經過我們聞思修行，信心會越來越穩

固。而現在許多人生起信心很容易，消退得也很快，像天氣一樣不穩定，這樣對我們的修行沒有任何幫助。

所以，我們應該時常觀察，問一問自己：我真的有信心嗎？如果是，那為什麼還不立刻開始精進修行呢？

3 時時記得善護念

記得色登寺修壇城時，施工的負責人對我們老管家說，除了大量的小頭料以外，還需要幾根七米長的粗木頭，而且不能拼接，他還規定了原木的直徑。為了建好我們的壇城，老管家和喇嘛們費盡心思四處奔波去尋找，終於找到粗細長短符合施工要求的木頭。他們在購買、砍伐、運輸時都費盡了周折，喇嘛們好幾次都由於樹木過大而差點造成危險。原木運輸回寺院的時候，更是麻煩重重，長長的木頭伸出卡車的車廂，經常就堵住了道路，大家還擔心木頭會從車上滾滑下來砸傷別人，真是操碎了心。

許多天以後，老管家帶著喇嘛們滿頭大汗地把木頭運到工地上，施工負責人量了量木料輕描淡寫地說，這麼長的木頭不好安裝，得從中間截斷成兩段。

當時在場的每一個喇嘛聽到這話都很震驚——「怎麼會是這樣！」

老管家走到那個人面前說：「你的要求差點讓我們的喇嘛受傷送命！我……祝願你永遠都不快樂！」

他說完立刻轉身走了。大家看到他雙手合十，邊走邊不停地唸：「嗡班雜兒薩埵吽！」

老管家帶著喇嘛們冒了很大的危險，才砍伐到符合要求的木頭並且給拉回來，而現在施工負責人又說不必這樣，因此老管家憤怒了。但是，他立刻發現自己因為憤怒而起了惡念，就馬上停止這種憤怒並且趕緊懺悔。這是他多年的修為，這種修為讓他可以隨時守護自己的正念。像他這樣一個修行多年的人，面對讓人憤怒的事情還是沒能夠不起惡念，這讓他感到羞愧。也幸虧他是一個老修行人，惡念生起來的瞬間就立即發現了，他能及時停止，及時懺悔，沒有造成更大的惡業。

我們要關注自己的每一個念頭，及時轉念，這需要功夫。這樣的功夫得慢慢地觀察，慢慢地修。

我們要懂得善護念，也就是保護我們的正念。我們的修行就是要把生活和工作中的糾結、煩惱、抱怨、嗔恨都化解掉。這樣的化解是智慧的化解，是生起了寬容心之後的轉念，而不是壓抑自己的憤怒，硬要生起的所謂的假慈悲、假寬容。明明自己氣得要命，心裡都要冒火了，但臉上還要裝作微笑，這不是修行，這是在折磨自己。

我們經常會在工作和生活中遇到這樣那樣的不順心，那我們就要時時記得善護念。要觀察每個念頭是好的還是壞的，然後要斷惡修善。念頭的生起只是一瞬間的事情，我們從起心動念時就要觀察自己，及時熄止壞念頭。

我們每次生起一個好的念頭時，就自己隨喜自己，讚嘆自己，心裡歡喜地告訴自己：我要保護好心裡的善，多多生起善的念，多多發善的願。

世上的人如果都這樣做，世界會變得多麼美好！

你要告訴自己：要先從我做起。自己善心的力量非常強大，如果我們總是懷有仇恨和抱怨，那就是在心裡種下個黑暗邪惡的種子，長出來的自然也是黑暗邪惡的花果。

你要告訴自己：要先從我自己做起，把自己的善念當成一顆火種傳遞出去。

當然，這個念頭和這句話本身也是一個善念，佛菩薩和大家都會隨喜你。

其實佛教傳遞的就是這樣的一種善念。

4 你要忍得住

色登寺附近的村莊裡有兩家人因為很小的事情起了衝突：先是兩家的小孩子打起了架，然後雙方父母打了起來，再然後，父母的兄弟姐妹們也來打，再後來各自的親戚也參與進來，大家打成一團。最後，連他們住在附近其他村莊的遠親也都來幫忙。這場爭鬥打傷了很多人，損壞了不少東西。後來，他們請我出面去解決。我問他們為什麼打起來，大家開始回憶，到最後才發現，僅僅只是因為兩個小孩子在玩耍時，為了搶一個玩具打起了架。

我們會看到很多事情造成了嚴重的後果，大多原因都是在事情發生的一瞬間，人們沒有忍住一時憤怒，不能忍受自己認為的侮辱，不能接受自己吃虧了。

不能忍辱是因為什麼呢？是因為我們傲慢的心忍受不了一點點輕視，不能接受一點點誤會，更不用說對方敢來挑戰我們的尊嚴了。許多人自己可以佔便宜，打罵別人，但是讓自己忍受一點點吃虧是絕對做不到的。我們的心強硬到不能調伏，所以這些人修忍辱就特別困難。

其實，我們在人世間最可怕的敵人就是嗔恨心。

能把嗔恨心消滅掉，那真的是非常了不起。因為我們無時無刻都可能生起嗔恨心，比如說我們在這裡坐著的時候，一個人看我們的眼神稍微有點不友好，說話的時候口氣稍微有點不禮貌，我們馬上就生起嗔恨心了。

一隻蚊子飛過來咬了你，你馬上生起嗔恨心順手就打，又傷害了生命。我遇見過一個人，他說：「我守了不殺生的戒律，牠咬我了，我

不敢殺牠，但我對牠生起了一個很大的嗔恨心。」

這是很現實的例子，我們稍微不舒服就不想忍，但是我們傷害了牠們的生命，那牠們能接受這樣嗎？如果牠們也生起一個很大的嗔恨心，也想要報復你，這樣的怨仇什麼時候了結？我們的嗔恨心和傲慢心都需要修忍辱來對治，可是對於許多修行人，讓他精進、佈施都還可以做到，但是讓他忍一口氣卻是非常難的。

經常有人對我說：「上師，我也知道發脾氣不好，會傷身體！我也聽說過火燒功德林的話，可是我火一冒上來就什麼都顧不了了，大吵大鬧之後越想越後悔，但是在氣頭上根本就管不住自己！」

這樣說的人很多，確實已經自己觀察到了自己的問題，也明白必須要修忍辱。但是，我們還需要智慧的忍辱，得把我們的心修得像虛空一樣寬廣，把「忍」的對境當作自己的親人、父母，如果我們把這個問題當成我們當下最大的修行障礙來對待，那一定能很快消滅我慢和嗔恨，修忍辱就不再是強行忍耐的苦差事了。

5 誰會永遠陪伴你？

色登寺的對面有一座山。在我小的時候，我覺得那座山很大很大，並認為它是永遠存在的。那時我經常會想：為什麼我的爺爺會死呢？為什麼我父母會死呢？他們要是像這座山就好了，永遠在那裡，永遠不會死。後來，一些親戚朋友陸續在我眼前離開，我就知道，早晚我們大家都是會死的。

學習佛法以後，我明白了山也不是永遠存在的。地震、水災、土石流瞬間就可以讓

大山倒塌，河流決堤，無數生命消逝，一切都是無常的。我們認為會永遠存在的一切，都有可能轉眼就失去了。

當我們總是習慣地說「我的這個」、「我的那個」的時候，我們是不是得想想：我們這一生所有的親人，一切我們所追求的，我們天天都在努力為之奮鬥的，到底是什麼呢？我們放不下、捨不得的又到底是什麼呢？

這些到最後都是要離開的。或者說，曾經擁有的，未曾有過的，到最後都是一場空，這一生一世永遠不變的、永遠都擁有的東西，有嗎？

沒有。

到最後離開的那一天，我們擁有過的一切都要留在這個人世間，就連身體也是留在這裡，連一根毛髮都帶不走。我們的身體就像一個旅館，自己的阿賴耶識就像顧客，「顧客」在「旅館」住了一兩天後，最後離開時，「旅館」那座房子只能留在那裡，因為根本無法帶走。我們覺得自己最珍貴、最寶貝、最重要和最捨不得的，就是我們自己的身體，但是，我們連這個都帶不走。

所以，我們應該捨棄所有的貪念。

是捨棄我們現在的這個身體嗎？

不是。

我們要捨棄的是覺得「一切都會永恆」的認知。而捨棄這個最好的辦法，就是「修無常」。

雖然我們大家都知道一切都是無常的，但是，可能因為我們無常沒有修到位，所以並沒有真正體會，還是會認為自己可以活很久，認為家裡的金錢也好，物品也好，親人也好，永遠都是我可以擁有的。其實，一切的一切本體都是無常的。

我們死亡以後，我們的屍身不管是被檀香木柴燒毀，還是被狗吃掉，其實都是一樣的，因為，不管是財富還是名氣、是房子還是你的所有親人，都是無法帶走的，都被你留在了這個世間。而真正能夠永遠陪著我們的，只有我們自己的善與惡。

所以，我們要做的就是放下。

6 幸福是閃電

我們的幸福有多長時間？其實幸福就像閃電，往往是剛剛看到和感受到，就已經消逝了。世間的人對於幸福的期許總是建立在財富、感情上，而這些恰恰是最依靠不住的，也是最變化無常的，所以我們在享受過短暫的幸福之後，往往感受到的是漫長的、難以解決的痛苦。

以前我老家有個人，他從十幾歲開始就一直在拉薩那邊打工賺錢。他很勤勞，賺了不少錢，但自己穿的衣服和吃的東西都非常湊合，捨不得吃穿到了吝嗇的程度。藏地許多修行的人，自己捨不得用，捨不得吃，大多人會把節省下來的錢做上供、下施這樣有愛心的事情。但他不是。他賺了很多錢，覺得放在銀行裡不放心，希望能天天看到就好。

所以，他每天一早就出去賺錢。下午回到家裡，他不會像許多藏民那樣去唸經磕頭，而是反反覆覆拿這些錢來數，然後算帳。

他享受這個數錢和算帳的過程。這就是他的一種慾望，在錢的方面他有了貪執。

後來，他得了一個嚴重的病，去世的時候非常痛苦，因為除了身體的痛苦之外，他還不捨得離開他的錢，他就一直在幻覺中數錢，嘴裡唸「一二三四……」，一直做著數錢的動作；他痛得全身冒汗，一般人在這種情況下是根本說不出話來了，而他，手一直在空中撚著，嘴裡一直在唸著數。

他走了。連他自己家裡的人都想不通：他一生當中賺了那麼多的錢，可以隨意支配，可是為什麼沒有見他幸福過？他怎麼會這麼捨不得呢？

所以，我想說的是，他為了賺錢辛苦了一輩子，卻並沒有享受多少。這一生當中，他有一天從內心裡面感受到快樂嗎？沒有的。他的幸福是賺到錢後數錢的一瞬間，而更多的時間，他是在對金錢的慾望和患得患失中痛苦。

世間的每個人都感受過幸福，也都感受過痛苦。有時一朵花可以給我們帶來幸福，有時一頓飯、別人的一個擁抱可以給我們帶來幸福，有時巨大的財富可以給我們帶來幸福……我們的人生有無數幸福的片段可以回憶，但是，讓我們刻骨銘心的痛苦卻更多。因為，無常可以迅速地將幸福終結，而痛苦像一個沼澤，一旦陷入就會使人長久沉溺，很難再走出來。

每個人都會生老病死。年輕的時候比較健康好看，到年老的時候身體會出現病痛，容貌也會有很大變化；我們都想要漂亮和健康，可是在漫長的人生裡，這樣的年輕美好只有很短的一段時光，稍縱即逝，留下的只有回憶。如果，我們執著地想要永遠年輕漂亮，那就只會痛苦和失望。

我們今天戴了很多珠寶在身上，自己認為這很漂亮，很有身分，但是，說不定我們會因為這個炫耀而危及自己的生命。

藏地人常說：「有一匹馬就有一匹馬的煩惱，有一隻羊就有一隻羊的煩惱。」

我們都是這樣的。

7 我們必須以牙還牙嗎？

有這樣一個公案：法王如意寶的前世列繞朗巴是一位伏藏大師，有個人供養給他了一匹很好的馬。有一次，馬被偷走了。過了幾個月，偷這匹馬的那個人到列繞朗巴大師面前來求金剛結。當時列繞朗巴大師以神通觀察，已經知道這個人就是偷他馬的人。列繞朗巴大師並沒有揭穿他，而是為那個人打了一個金剛結，還為這個金剛結唸了很多佛菩薩的心咒加持，並且把一切善根、功德都迴向給那個人，直到那個人滿意為止。

還有個故事：色登寺第十三世活佛德爾色．切美仁波切和他的一個侍者一起走路去拉薩，有一天到了中午煮茶吃糌粑的時候，有七個強盜來搶東西，活佛就讓侍者把東西給他們。那些人離開時，德爾色．切美仁波切發現侍者的脖子上有我們藏地人經常戴的綠松石，就問侍者：「你這個沒有讓人家搶走啊？」

侍者說：「沒搶走。」

德爾色．切美仁波切說：「那你給我。」

那個侍者就把綠松石給了仁波切。仁波切接在手裡後，就叫那些搶東西的人，說：「你們還沒有拿完，還有一個東西剩在這裡，你們把這個也拿走。」

強盜們就跑過來，看到果然還剩下一個綠松石。這七個人裡面，有一個年紀比較大一點的人，他說：「這兩個出家人非常清淨，我們不能拿他們的東西，還是放下走吧！」然後，強盜們把剛才搶到的東西全都留下，放在德爾色．切美仁波切面前才走了。

我們能不能做到這樣呢？大家過去肯定遇到過類似的事情，你生氣過沒有？

比方說我們今天把手機、電腦放到一個

包裡背著走，然後有幾個人過來把你的東西搶走了。如果這時你的錢包沒有被搶走，你會不會把搶你東西的人叫回來把你的錢包給他？估計很多人會說：「還好！感恩佛菩薩的加持，錢包還在！」東西被搶了，錢包還在，這是比較好的情況。還有種情況，就是所有東西都被偷走了，如果被偷的是個學佛的人，他還有可能會說：「哎呀！佛菩薩的加持去哪裡了？我的東西全部被偷走了！」

我們現在就來說說加持。

加持是什麼呢？生起像德爾色·切美仁波切、法王如意寶前世列繞朗巴大師那樣的心：自己的東西被別人偷走，還會很歡喜地唸經迴向給他們。生起這樣的心，也修持了佛法，這就叫做加持。

我們很多人以為上師的加持就是不要遇到偷東西的人，不要遇到不開心的事情，不要遇到生病，我們一直求的就是這個。比如今天你們在這裡聽我講課，聽完出去遇到一個搶東西的人，這時可能會有人說：「我去聽了這個上師的課，出來就遇到偷東西的人，這個上師沒有加持！」有可能有人剛好皈依了，出了門遇到這個情況就會後悔：「我就不該皈依！這個上師不好！剛學佛就碰上小偷，看來學佛也不是什麼好事情！」

我們很多人是不能遇到這些違緣困難的，他們總認為順緣才是被加持，才是修持佛法，實際上不是這樣的。

我有一個親戚，他對他的親戚們有著深厚的感情。只要他的親戚，哪怕是遠房親戚遇到障礙的時候，他心裡就很難受。如果別人打了他的親戚的話，他會很生氣，甚至氣到掉眼淚，然後他會向家裡人發脾氣，鬧著要去找對方報仇。然而，這樣對親戚、對自己有什麼真正的幫助嗎？

我們要練自己的心量和氣度：在世間人會憤怒的情境下，自己生起真正的歡喜心和慈悲心。

當然，這有個過程，我們得慢慢來。我們一開始遇到這種事情的時候，可能心裡很生氣，會起嗔恨心，我們先觀察自己的這種情形，然後慢慢地改。我們這樣想：我們從這種小事開始，遇到這樣的情況時，不能馬上生起嗔恨心，要好好地唸一下經，迴向給他。忍一下，我要看看自己能不能生起歡喜心？能不能對他生起一個慈悲？要練習，並且問自己：我從開始練習時到現在為止，如果現在我所有的東西全都被偷走了，我能不能像那些高僧大德一樣？

如果做不到也不必過急，我們讓自己盡快平靜，不起嗔恨。

又比方我們買東西，發現買到的這個東西是壞的或是假的，特別是我們網購物品，收到後發現和圖片上的東西根本就不一樣，這個時候我們會很生氣：「這個人騙我了！」有許多人會去罵這個商家。其實，這正好是我們修行的對境，我們可以在這些方面好好地下工夫修習，我們應該這樣：修忍辱，生起慈悲心，然後迴向給他。都已經買了，買好了你再退回去，大家都會有很多麻煩。我們沒有必要去罵他，也沒必要去說他，不要生起嗔恨心，不要造惡業，我們可以把這個不好的東西轉成一個修行上的對境。

我們如果還無法生起真正的慈悲心，那就先從這些方面入手，好好地練習。這樣以後，慢慢就成為一個習慣了，這就是在生活裡修行。

我們要做的絕不是以牙還牙，而是管好我們自己的心。當我們還沒有能力去度化眾生，那就先把自己的身、口、意都管好，一切都不在意不計較，這是我們可以快樂的一個祕訣！

8 無常

我們藏地有個人，以前在他家裡比較窮的時候，他跟朋友之間的關係非常好，跟親戚鄰居之間的交往也很友善。整個村莊的人都說這個人特別好，無論是哪裡、是誰需要幫忙，他都會去幫，大家都很喜歡他。

後來他開始挖蟲草，正好那時蟲草的價格也高了起來，那個人就賺到了一些錢。在這之後，大家覺得他在性格以及說話的態度等各方面都有了變化，變得很傲慢，不願意搭理人，卻喜歡別人誇他。他的親戚、朋友和村裡人都說：現在的這個人和原來完全不一樣了！

後來他的生意發生變故，他花了很多錢去解決問題，因此他又變得和以前一樣沒有錢了。這個人一下子就消沉了，有時會到處抱怨他的不幸，脾氣也變得很暴躁。

賺錢這件事本來就是無常的。有些人的財富，要嘛像閃電一樣瞬間消失；要嘛像水泡一樣容易破碎；或者像彩虹一樣，一會兒就消失不見了。因為那個人有了錢以後就有了傲慢心，他有辛苦賺錢的勤勞，而在擁有錢財時卻沒有一個好心態，更沒有想過世間的一切都是無常易變的，所以，他可以歡喜接受「得到」，卻無法承受「失去」。

我們年輕時的樣貌肯定比老了的時候要健康漂亮，同樣的一件衣服，年輕人穿起來也會比老年人穿起來更好看，因此，我們都想要一直年輕，總希望能保持年輕時的健康和體魄。

年輕人很在意自己的樣

貌，希望別人覺得自己好看。有人還會隨時帶著鏡子觀察自己哪裡美還是不美了。而老人們大多已經不再注意自己的外表了，吃飯的時候，他們嘴邊或者衣服上經常留有食物的渣子，顯得很髒，但他們似乎都不在意。我們想想，他們都是一樣從講究外表的年輕人慢慢變成這個樣子的。

得到和失去，年輕和衰老，富有和貧窮……這些都是見慣的規律，而這個規律就是無常。

我們要接受這個規律，提醒自己：現在花時間、花精力去在意自己認為最重要的事情，完全沒必要。因為我們懂得了無常，就要抓緊一切時間做對的事。我們自己的身體，自己現在所擁有的東西最後都是無常的，沒有什麼能夠真正擁有。如果我們現在還不知道或不願意去接受這樣的規律，認為一旦擁有的東西就一直是自己的，永遠是自己的，那我們失去任何東西都會非常難受，比如失去感情、失去親人……

我們看到一些人心態特別好，無論是歡喜的事情，還是憂傷的事情，他們心裡沒有因為得到而狂喜，沒有因為失去而痛苦，我們現在要做到的就是這樣。你試著把許多曾經讓你痛苦的，讓你受委屈的以及被冷落、被不公平對待的事情重新想一想，如果你想透了「無常」這個規律，那所有你曾認為你失去的東西都不是失去了，因為從一開始你就該知道，那只是「無常」到了你的身邊，失去的時候也是「無常」離開了你，你從來不曾真正擁有過，也就不存在真正的失去。

那你還痛苦什麼呢？

很多的痛苦是因為我們有很大的貪慾，覺得我想擁有這個，我一定要有這個，我付出那麼多的努力為什麼得不到？

陷入這樣的念頭裡很可憐。我們得到了，就會歡喜；失去或者得不到，就會沮喪。如我們用「無常」的觀點去想：得到，沒什麼可歡喜的，因為這個得到就是「無常」，隨時有，也隨時可能失去。當你做好了隨時失去東西的準備，做好了觀無常的修行，那麼，得到和失去，都不會在你的心裡留下什麼痕跡，你就擁有了平靜和歡喜。

這就是古人說的「榮辱不驚」了，是大境界。

9 是你的心，跨越了千山萬壑

六月，藏地開始進入了最美的季節。青稞已經綠油油，草原上開著五顏六色的花，駿馬奔騰，牛羊歡愉。我們寺院對面山坡上的景色，也時常在牧民的歌聲裡變得更加生動起來。一場雨過後，山腰飄起潔白的雲霧，非常美。

每到這個時候，就會有好些朋友不無遺憾地說：我好想來色登寺看看啊！可是，我的高原反應肯定很厲害，去不了；可是，我必須在家帶孩子；可是，工作太忙實在抽不開身；可是，現在修路限行，塞起車來就太麻煩了……

有些遺憾，是因為願望未必真的有那麼迫切，那些「可是」才鑽了空子。而更多的遺憾，是因為我們自己，把困難像磚頭一樣，一塊一塊地壘在了腳步和夢想之間，慢慢地，我們的眼裡只看得到磚頭，而失去了遠處的風景。

有一天，我的一個漢地來的朋友在寺裡轉繞壇城之後回來告訴我說，他今天算是長見識了。他說他發現對面最挨近天空的那座山頭的空地上，有很大很大一片黑黑的影子，但天上並沒有雲的遮擋，便覺奇怪，於是就問一個懂得漢語的藏族姑娘。那位姑娘告訴他，那是村民們晾曬的牛糞，乾了以後燒火用的。我這位漢地朋友很是驚訝，那個地方那麼高那麼遠，感覺人都無法去到，村民們是怎麼把牛糞搬到那裡去的呢？為什麼不就在家門口曬啊？那麼多的牛糞又是怎麼拿的？姑娘回答說，那個地方離太陽最近，自然最好曬。把牛糞裝在袋子裡，用摩托車馱上去，多跑幾次就是了，很簡單呢！

這位漢地朋友對那個壯觀的牛糞曬場充滿了好奇。其實，很多時候會是這樣，一些人覺得很難做到很麻煩的事情，在另外一些人看來，就和抬眼頭望一眼天上的雲一樣，又簡單又適意；認為完全不可能實現的事情，往往就發生了奇蹟。

我想，造成這種區別的，就是我們的心——是「想」，還是去「做」；被風雨攔住後，是坐等天晴，還是找件雨衣披上繼續前行。

當初，我的上師讓我一定要把壇城修建起來的時候，寺裡除了幾處破舊的房子和年久失修的經堂外，幾乎一無所有。要把壇城建起來，在當時看來，比登天還難。但是上師告訴我，只要發了這個願，只要我們去做，一定會得到佛菩薩的加持，壇城建設一定會非常圓滿。當時我想，十年不行，我就用二十年，二十年不夠，就三十年。無論如何，

這一生我一定要完成上師的囑託。

後來，壇城只用了四年時間就圓滿落成開光了。現在回想起來，很多事情，如果開始做了，其實並沒有我們想像的那麼難，難的是，如何堅定我們的內心。

心的力量真的非常強大。如果有一天，你終於真的站在了神往已久的岡仁波齊神山面前時，你會發現，是你的心，跨越了千山萬壑。

卷三 我所知道的修行人

1 日嘎

十五歲時，我在上師松吉澤仁仁波切座下學修大圓滿法。在那之前，我已經圓滿了五加行的修法，所以上師讓我在一個月內每天打坐觀察，然後把感受彙報給他。

我把打坐的地方選在離遼西寺一公里的地方，那裡是個石頭洞，平時沒有人，因為路很難走，一般人上不去。下雨時，山洞裡淋不到雨，出太陽的時候還可以曬到陽光。坐在山洞裡，像是在空中懸著一樣。

在我打坐的那段時間裡，每過幾天我就有一些感覺和體會。我覺得自己很快樂，不想離開那裡。每當有了新體悟，我認為這就是大圓滿，好幾次我去找上師彙報感受，可是每一次上師都說：「你再去打坐，這並不是大圓滿。」

眼看一個月就快過去了，我心裡很著急，就請教遼西寺的老喇嘛日嘎，因為他是阿格旺波的弟子，也是上師松吉澤仁仁波切的弟子。他修過大圓滿法，所以很有經驗，我想知道他在修大圓滿的過程中有過怎樣的經歷。

日嘎那時六十來歲。他一邊喝著茶，一邊耐心聽我講修行中的感受。遼西寺的茶是用藏茶先熬成膏，再用滾燙的水沖著喝。那天我講著修行的過程，哭了好幾次，因為我覺得大圓滿法太難了，什麼時候才修得成呀！

日嘎端著滾燙的茶，一邊吹著一邊吸著喝。他慢慢地說：「別急，小活佛，我喝一碗茶都不能急，也得一口一口地喝，何況你是在修這麼殊勝的大圓滿法呢？你一定能修成，但是你一定先別急，越著急你就越不知道該怎麼辦，就越得不到了，只有放輕鬆，慢慢就會明白了！」

他喝茶的樣子我到現在還記得，他說「別急」的聲音，此刻彷彿還在我的耳邊徘徊。很多次在生活和修行中，或在色登寺的建設中遇到了困難而為此焦慮的時候，我總會想起日嘎說的：「別急，我喝一碗茶都不能急，也得一口一口喝！」

我想，其實大圓滿法就存在於我們的生活和修行當中，而不是坐在那裡打坐得到了這個法，然後離開打坐的墊子回到世間生活裡，就忘了曾經修行悟到的東西。

於是我就提醒自己要放輕鬆，要安住在寧靜裡，慢慢地來。果然，每當我把心安定下來，很多次祈請上師和佛菩薩的加持，都能解決問題，度過難關。

現在，我把這個竅訣分享給大家：當你因為一些事情難以進展而手足無措時，你先勸自己放鬆，讓自己別著急。照日嘎說的那樣，你就會有智慧解決所有的困難。

2 丹姆

我見過許多修行人。雖然嚴守戒律、精進修行是修行人應有的素質，但是許多真正的修行人還是讓我非常隨喜和讚嘆。

丹姆的丈夫和孩子都死得很早，在我小的時候，她就一直待在色登寺裡。我記得那時丹姆非常精進，她每天上午都會在寺院轉繞經堂，下午院子裡如果冷了，她就在屋子裡邊轉經輪邊唸心咒。

我住的房子是閣樓，和丹姆的房子只隔著一面牆。後來我才知道，在我讀書的時候，丹姆會面向著我房子的方向坐在那裡轉經輪唸咒。有次，丹姆說我什麼時候餓了累了，她都能從我唸經的聲音裡聽出來。當時我沒太在意她的話。那時色登寺非常困難，大家都吃不飽飯，小喇嘛們每天只能吃到一點糌粑和一點點牛肉，唸經時總會有人餓得昏倒。丹姆擔心我也會餓昏倒，就經常來問我餓不餓。她還把她家裡的糌粑做成櫻桃大小的糰子讓我上課時帶著，餓了可以隨時吃。

現在想來，這是一種很真實的關懷，丹姆從內心深處關心著我。她是色登寺十三世活佛的弟子，她對我的崇敬一點也沒改變，無論我的年齡多大，長的樣子怎樣，她都信心俱足。

後來我去遼西寺佛學院學習，之後再回到色登寺那天，丹姆的家人來請我去給她唸經，說她一直在等著我回來。

我到了她家的時候，丹姆已經說不出話了，但她看見我之後，眼睛裡就流露出很高興的神情，她伸出雙手對我合了掌就安祥地往生了。

我們世間人的情感都是會變的，不僅是夫妻、戀人之間的感情，就連孩子對父母的愛也會有所變化。三、四歲的時候，我們對父母的感情非常純潔，非常依賴，但等到稍微長大一些，許多人就會覺得父母這裡不對那裡不對，對父母就不再有那麼多的信任了，再大些甚至還會和父母頂撞。

而真正的修行人對上師的信任卻像鋼鐵磐石一樣不會動搖。丹姆見到我就滿足了，就能安心地走了，我覺得弟子對上師最大的信心莫過於此。

3 南珠

以前，色登寺附近有個老阿姨，名叫南珠，她沒有結婚，也沒有小孩。南珠是色登寺第十三世活佛的弟子，她剛修完加行時，十三世活佛就圓寂了，所以她就沒有修到大圓滿法。之後她一直唸的就是「香且森竅仁波切（菩提心妙寶）」這四句發心的儀軌，平時就唸觀世音菩薩的心咒，多年來一直這樣。

在我小的時候，她是住在自己家裡的。那時的她已經是滿頭白髮了，但她經常到色登寺來，所以我常常可以見到她。南珠是個非常好的人，她每次見到朋友也好，親戚也好，即使碰到的是和他們家有矛盾的人，她總是一見到就雙手合掌，然後頭往下低一點才說話。不管見到男的還是女的，她都是往下面走，讓別人高一點。她要嘛坐的地方低一點，要嘛站的姿態低一點，然後很謙遜地說話，聲音也低柔順和。甚至我看到，她對一些動物，比如犛牛、羊和馬等，也是一樣的恭敬，她會唸「嗡嘛呢唄咩吽」，然後唸發菩提心的儀軌，再和那些動物碰個頭。

南珠說：「我覺得怎樣對待人，就該怎樣去對待其他眾生，要平等。比如說羊也好、牛也好、馬也好，我要像對待人一樣去對待牠們。對所有的生命，我都要有恭敬心，要尊重，把他們當成以前藏地的土司一樣才行，這一生能做到這樣的話，我就很圓滿！」

大家都知道南珠沒修過什麼很高深的法。那個時候我年紀比較小，不知道她說的是那麼殊勝的竅訣，也不知道她的這些行為是那麼好。現在回想起來，有這樣的修行人，我真的很讚嘆！很多高僧大德都比不過她，甚

至我自己也想，我能不能做到她這樣？我們大部分人都做不到吧！

大多數人一直在想，求到大圓滿法才圓滿，很多修行人也認為，這一生見到不可思議的佛菩薩顯現，或者有了什麼感應才算圓滿。但是我覺得，這些都不如南珠這樣的修行人所做到的調柔、恭敬、慈悲更圓滿。人們都知道因為十三世活佛圓寂，南珠沒有修到大圓滿法，但我認為，她其實已經得到了上師的加持，修到了最殊勝最圓滿的法！她所修到的這些慈悲、忍辱，在我看來和大圓滿法一樣殊勝。當貪心傲慢佔據了我們內心的時候，再圓滿殊勝的法，也根本進入不了我們的心了。

我們可以想一想：我們自己對別人有沒有生起過一時一刻真正的恭敬心和尊重？我所說的「真正」是指從內心流露的恭敬，而不因為對方對自己有「用處」，是自己的領導、老闆或者是我們想要取悅的戀人而表現出來的恭敬。如果對方不是我們的上師、老師、朋友、鄰居，如果不是為了讓別人覺得我們有禮貌有教養，那我們會不會發自內心對所有生命和所有人都恭敬、都給予尊重？路邊的小螞蟻，嗡嗡作響的蒼蠅，一隻骯髒的流浪貓，我們會不會認為牠們是和我們一樣的生命去尊重牠，給牠們留有空間，而不是隨手就把牠捏死或者踢一腳呢？

我們可以想一想：我們看到穿得比較講究、長得比較漂亮的人，聽說他有什麼頭銜，我們就覺得這是個值得尊敬的人，自然對這樣的人說話態度很恭敬，也很注意自己的禮貌態度。而對於一些貧苦的小攤販，穿得比較破爛的農民，甚至有些因疾病而肢體不全的人，我們又是怎樣去對待他們？會不會有點居高臨下給他們一個相對比較好的態度？會不會出於我在修一個功德的發心而給他們施捨？會不會覺得他們這一世的貧苦，是因為他們以往造下的惡業，以厭惡蔑視的態度去對待他們？

我們需要時時刻刻觀察自己的心，提醒自己，慢慢去改變自己對於生命平等的態度，在任何小事上去修忍辱和慈悲。如果我們懷著對萬事萬物的恭敬，那我們就都成了真正的修行人，是值得所有人都隨喜讚嘆和恭敬的。

最殊勝的妙法不是向外求的，全在你自心裡，你尋找到了，就獲得了圓滿！

4 老喇嘛阿多

我在遼西寺學習佛法的時候，陪我去的是色登寺的老喇嘛阿多。

和大多數修行的老喇嘛一樣，阿多也非常虔誠，他是色登寺十三世活佛德爾色·切美仁波切的弟子。老喇嘛阿多和我認識的大多數修行人有個不一樣的地方——他一直不用佛珠。有一次我問他為什麼，他說，我不用和誰去彙報我唸了多少心咒，但是閻羅王會記得我唸了多少，佛菩薩知道我唸了多少，我自己知道我的心一直和佛菩薩相應著！

後來有一次，他又告訴我，唸心咒主要是心，只要心相應了，怎麼唸、唸多少遍、聲音是大還是小，根本都不重要。

我贊同他的話。在我看來，老喇嘛阿多差不多隨時隨地都在和佛菩薩心相應著。他吃糌粑，有時手還在碗裡捏著，卻突然停下來，整個人一動也不動。沒有人叫他的話，他會一直停在那裡。如果有人提醒他，阿多喇嘛就開始繼續吃，他完全沒有意識到自己停頓了多久。又比如，他正走著路也會突然停在那裡，有時是在寺院的小路上，有時卻是在行人擁擠、車來車往的大馬路上。隨時都有可能，他就突然靜靜地停在那裡了。如果這時有人叫他走，阿多喇嘛才會回過神來繼續走路。有的人會覺得他很傻，但我知道，他是一直在關注自己的心，於是就隨時在空性裡安住了。

老喇嘛阿多在臨走的前幾天對我說，他在前一晚夢到了阿彌陀佛，又說他的房子裡一直都有西方極樂世界的聲音。以前他也說過，當風吹過花朵的時候，他聽到了心咒的聲音。我的大恩上師松吉澤仁仁波切開法會時，草原上會開出黃色花朵；法王如意寶在講法時，會有雪蓮花出現，並且呈現出種種瑞象。可見修行在於心的相應，一切都在空性裡。

那我們擁有這樣的暇滿人身，在修法時應該怎樣呢？

我們在共修的時候，很努力想要完成心咒或佛號的數量，這很值得隨喜，說明我們已經有了很大的發心，並且已經在努力實修了。但是，在唸誦心咒和佛號的時候，只一味完成數量是遠遠不夠的，更重要的是，要像老喇嘛阿多一樣，心和佛菩薩完全相應。老喇嘛阿多說得對，我們唸誦佛號和心咒不是為了要向誰彙報，而是為了我們能夠真正生起慈悲心和菩提心，是因為我們真的想要解脫成佛，想要救度眾生。

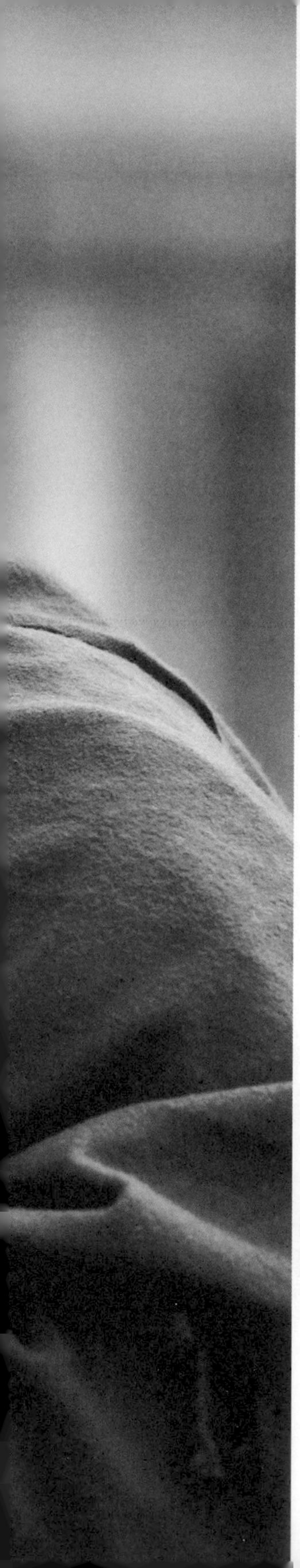

如果你們把我當作上師，那麼我就是你們的父母，你們的上師，你們的朋友，你們的兄弟姐妹！我希望聽到你們修行的進展，甚至希望弟子能夠修成菩薩，能帶我們大家去淨土，而不是自己完成一個表面的數量，內心卻沒有出離心和慈悲心。如果只是在等待上師的加持，那就離我們真正的修行之路還很遠。我不希望有人總是明知故犯後，不斷懺悔新的罪業！只想透過上師的加持來清淨罪業，而不是真正地從內心斷惡修善，這不是大乘佛子的行為。

希望每個人都能常常看看自己的內心，是不是在修行的道路上走得很好、很歡喜。那麼多的老修行人為我們做了那麼多示現，我們完全可以找到榜樣，沿著他們的路走到解脫成佛的彼岸。

5 閉關三十年的修行者

我在噶陀寺的時候，有一次江央堪布在傳灌頂的期間生病了，給我們放七天假。在這期間，我們可以選擇到別的上師那裡聽傳承，也可以自己閉關，或者去朝拜其他寺廟。

我想了很長時間，決定去加查巴德，因為那裡曾經有一位很了不起的上師，雖然他已經不在世了，但我很想去朝拜他的寺廟。我問了幾個同學，他們都不打算去，而我已經決定要去，就開始打聽路線並且準備食物和水。

第二天一早我便下了山。走了四個小時就到了山下，我沒有休息，繼續走。天黑的時候，我找到一個農民的家借住了一晚。第二天天還沒亮，我就離開了繼續趕路。

天黑乎乎的，我拿著一個手電筒穿過一片小樹林，天有些冷，我走得很快。走啊走啊，走到天都亮了，終於出了小樹林，就看到一個伐木場在那裡。我知道這兒離加查巴德很近了，有許多老百姓的牛臨時放在這裡，我坐下休息，向放牛的人要了一杯茶。

喝了茶以後就又動身了，兩個小時之後就到了加查巴德。寺院非常殘破，比那時的色登寺還要嚴重，幾乎就要倒掉了。整個寺院唯一剩下的那間大房子，一半在漏水，另一半還勉強好著。我看了看挺結實，應該不會立刻倒塌的。只有一個老喇嘛和一個老阿姨在這裡住著閉關。他們住得相隔很遠，幾乎從來不來往，那天我來了，為了給我拿一點吃的，他們都到了這個寺廟的房子前見我。之前他們因為在閉關，已經有三、四年沒有說過話了。

我們坐下聊了一會兒。天漸漸黑了下來，他們給我留下一床被子後，便各自回去休息了。我就在那個破房子裡睡覺，雖然是夏天，但是晚上還是冷。我躺在地上，透過沒有玻璃也沒有遮擋的窗戶看著深藍色的天空。天上沒有星星。

我一點睡意也沒有。我想，這麼破的一個寺廟，大成就者早已經不在了，我還那麼辛苦地從老遠的地方趕來，到底追求到了什麼呢？是追尋到了他的足跡呢，還是我自己想要的一種加持？

我到底得到了什麼？我只要有信心，覺得這是有意義的事情就能得到加持嗎？我覺得我這樣回去太不值得了，想來想去，我更加睡不著了，就起來去轉經堂。

到了早上五點左右，阿姨也來轉經堂，我看得出來她很精進。她沒有跟我說話，只是在走她的路，很輕鬆很快樂的樣子。雖然年齡很大了，但她看上去完全就是一個清淨修行人。

因為轉了一夜的經堂，到上午九點多的時候，我實在走不動了，坐下就睡著了。我睡得很香，一直覺得很溫暖。不知道睡了多久，我醒來時，發現太陽正曬著我。

老喇嘛叫我喝茶，我們聊了起來。後來我才知道，他們三十來年一直在這裡閉關，而且住得很遠，各自修行彼此不打擾。他們喝的是清茶，裡面沒有酥油。

我問他為什麼不去化緣？

老喇嘛說沒有時間。

我心裡很震撼！他們都不打算去化緣。如果糧食實在很少了，他們就一個星期拿三天守八關齋戒，剩下的四天可以吃飯。糧食更少的時候，一天就只吃中午飯，下午就不吃了。他們三十年來都是這樣。有些藏民會送來些青稞，他們就接受，沒有人送食物他們也不在乎，反正他們的身體一直很健康。

真正的修行人就是這樣，一切都行，一切都隨意。

我們聊著，老阿姨一直在轉經堂。她在太陽下行走的時候，戴了一個黑色帽子，帽子可以擋住太陽，防止曬傷眼睛。後來我看到她在太陽下面打坐修脫嘎。

他們的修行不是為了給別人看的。很多漢地人認為的修行，是為了修一個姿態，而他們這樣的真正修行人，修的是一種真自在。雖然在我們許多人看來，他們很傻，或者很懶，不去勞動不去賺錢，甚至覺得他們活得像乞丐一樣，但他們的安定滿足和內心的清淨，卻是很多修行人都根本達不到的，更不用說世間的大多數人了。

兩天後，我走在回噶陀寺的路上，心裡充滿了信心，完全不同於我兩天前睡不著覺的狀態。我時常會想起那兩位可敬的修行人，他們那麼瘦弱，但是傳遞給我的力量卻是那麼大。

6 流浪者和水做的白度母像

我剛到色登寺出家的時候，經常可以看到寺院不遠處的河邊有一個遠地方來的流浪者，他永遠在那裡唸著心咒做擦擦。據說他是巴塘那邊過來的，至今我也不知道他的名字。流浪者頭髮都白了，一顆牙齒也沒有，全部財產就是他身上的破衣裳和一個銅的白度母擦擦模子。

他一年四季都坐在河邊，只有下大雨或者下大雪的時候會暫停一下。一旦雨雪停了，他就立刻跑去河邊，到固定的石頭那塊坐下，然後拿出他的白度母擦擦模子，開始唸白度母心咒。

我們很多人都見到過，流浪者把河水裝進模子裡，專心用水去做白度母的佛像，再在裡面放一顆青稞當作裝藏，然後唸一遍心咒。之後把水倒掉，再重新開始做第二尊白度母佛像。因為使用的時間太長了，人們都說看到他的模具上捏出了他的指印，而且模具也已經磨得沒有邊了。很多人好奇，不管天多麼冷或者多麼熱，他都坐在河邊做度母擦擦，河水如此冰冷，難道他不怕會把手凍壞嗎？那個流浪人說：「你們都是大家族的人，雖然你們有犛牛和酥油可以吃，但你們即使把手放進袖子裡，也會凍裂出口子。感恩白度母，我的手在冬天的冷水冷風裡也不會凍壞！」我仔細看過，流浪者的雙手確實是好好的。

流浪者像佛陀一樣去化緣，從來不儲存食物。不像我們寺院的出家人，每年會花三、四個月的時間去化緣，只有化到全年的青稞和酥油，能夠使自己在佛學院上課期間一直有食物保障後，才會停止化緣繼續修行。流浪者沒有吃的，有人送給他吃的他就吃，送好送壞他都一樣接受。流浪者去化緣的時候總是敲一下門，人家給他多少，他就接受多少，這些食物夠吃多少天他就吃多少天，然後他就回河邊做白度母擦擦。如果沒有人給他，那他就餓著，但他還是會在那裡做擦擦。

許多人讚嘆他這種簡單和信心，他卻說：「我還是有個執著，很不好，我喜歡坐在這個石頭上舀水來做擦擦，只有這個石頭我覺得坐著很舒服。我的執著還是有，還想坐著舒服些！我要放下這個就好了。」

有一天，這個流浪者說：「我有點不舒服，我可能要走了！」但他還一直在那裡做擦擦，大聲唸著白度母心咒。下午的時候他回去了。

兩天以後，有人問怎麼沒見那個人出來做擦擦了？人們去他睡覺的山洞找他，看到他還打坐著，但已經離世了。因為流浪者修行很清淨，人們都讚嘆他，都願意幫忙用布把他包起來。

這個流浪者是個了不起的修行人，雖然他連名字也沒有留下，但是我一樣很讚嘆他。他精進苦修，時時觀察自己的心，當下，像他這樣可以捨棄一切、沒有什麼貪念的修行人越來越少了。

7 土登九美

榮巴有個農民叫土登九美，這個人個子很高，也很壯，是典型的康巴漢子。在我七歲到十一歲那段時間，我常常去榮巴，有時候會到土登九美那裡去化緣酥油。他留有鬍子，長得很帥，總是穿著藏裝，有時袖子垂在腰間，走起路來很威猛的樣子。

我知道他對佛很虔誠，每次見到我，總是在很遠的地方就開始磕頭頂禮。

土登九美是一個特別善良的人，每天他都會細心照顧剛生下來的小牛小羊，而家裡那些健壯的牛羊他卻不管。他說：「人的小孩子不需要我的照顧，因為有人管他們，但動物的小孩子需要照顧，因為會有老鷹和其他動物吃牠們！」

在春夏季節，每天都會有幾隻小牛和小羊出生。剛出生的牛羊非常弱小，走不動路，跟不上牛羊群。這時，他會在懷裡揣上這些小牛小羊，把牠們帶來帶去。那時候我真的覺得他是非常慈悲的一個人。

有一次我到土登九美家，晚上吃過飯之後他要我們早點睡覺，因為他要開始磕頭了。他沒有唸皈依，也沒有唸七支供，他每天固定磕五百個頭，唸的是這樣的內容：「自己口吐自己造的惡，所有雙腳傷害的眾生，所有雙手所做的惡業和心意裡所做的惡業，現在我都懺悔！」然後他磕一個頭懺悔。在磕第二個的時候，他懺悔的內容不變，卻是替別人懺悔。我聽著他一直在大聲唸著懺悔文，迅速地磕著大頭。我很好奇，一直在想，這個儀軌是哪裡來的？我們佛學院從來沒有聽過這樣的啊！土登九美告訴我，這是他自己造的。因為當他大聲唸著懺悔文使勁磕頭時，心裡就沒有了雜念，他的身心就都在這個祈禱文上面了。他認為除了手、腳、口還有心念，就沒有什麼能做惡的地方了。他說：「我觀想佛菩薩在自己面前，我大聲說著懺悔，我的心裡就沒有別的東西了，我想的全是懺悔！上師們說要發心，我不懂，我沒那麼多想法。」

每天磕完五百個頭之後，土登九美也不再去放牛放羊，只和小孩子們玩。

我十五歲那年，我的上師去榮巴帶著大家修頗瓦，活著修頗瓦有驗相的只有他一個人。在上師開始修頗瓦法的時候，土登九美一個鼻孔流出白色的液體，一個鼻孔流出紅色的液體，呈現這種現象之後他當場就走了。

在修行的人當中，能夠修到這樣的，都是對上師有非常大信心的人。

8 旺紮的慈悲心

我老家有一個人叫旺紮，他特別喜歡小孩子。我三、四歲時，他已經六十多歲了。他對自己家裡的小孩很喜歡，對我們這些別人家的孩子也一樣喜歡。

在我小的時候，每當春天和秋天，家家戶戶田裡的農活特別多。我家的田地離我們家很遠，爸爸媽媽每天很早就背著農具和午飯去田裡幹活，要到很晚才回來。雖然我很想一起去，但是他們沒有辦法帶上我了，他們只好把我託付給人照顧。而唯一能夠託付的人，就是住得離我家很近的旺紮。

記得那時爸爸媽媽經常把我送到旺紮的家裡讓他看護我，然後他們就去幹活，到了晚上再到旺紮家裡把我帶回家。

「旺紮是一個特別好的人！」幾乎我們附近的所有村民都會這樣說，我也這樣認為。旺紮不像有些大人對小孩子那樣沒有耐心，他總是很心平氣和，對像我這樣是請他看護的別人家的孩子，他也絕對不會有一絲的不耐煩。

有時，好幾家人都想把孩子放在他家託他照管，他會全部一起收下。被他看護的日子裡，我們總是跑來跑去地玩耍，他從來不會說我們，或是讓我們坐下來別亂跑，反而是一直跟著我們，我們跑到哪裡他就跟到哪裡。現在想來，一個六十多歲的老人，跟著幾個孩子跑一天是很累很辛苦的，而且這會影響他唸心咒。

旺紮對牛羊這些動物也很慈悲。在夏天，有很多牛羊會鑽進青稞田裡，這時大多數人會扔個石頭過去，把牠們趕出去。旺紮卻不，他寧肯多跑些路去把牛羊牽出去，有時還低聲和牛羊說著話。

據說旺紮年輕時並不是這麼慈悲。我聽說旺紮在二十歲時曾經殺過一隻兔子，當他提著兔子路過一個僧人的閉關房時，那個僧人正好開門出來。旺紮在殺兔子的時候沒有想別的，但一看到這個僧人，突然就在心裡把自己和兔子的身分做了個交換，他想，如果我是兔子，在被殺時會怎麼辦？一想到這裡，旺紮就非常後悔。這時僧人也流淚了，對他唸：嗡嘛呢唄咩吽！旺紮當即就皈依了那個僧人，從此戒殺，並且開始精進地唸佛修行。誰也沒有想到，旺紮後來竟然成了一個修行特別精進的人。

旺紮家門口的牆上有個很大的洞，黑乎乎的。他說：「這個洞離我睡覺的房子很近，

很多年前我有好多次都想把這個洞堵住，但最後都沒有去做。現在我年紀大了，想想當時沒有把唸經和轉經輪的時間用在修房子去享受上，真是太好了！去修這個房子補這些洞，一定會給別人添麻煩，自己還要準備石頭泥巴。幸好我放棄了。」

我們的家住在山坡最高的地方，冬天風很大，旺紮卻似乎不在意。我們以為旺紮年紀大了不怕冷，沒想到他實際上是在修無常。後來我在學習《前行引導文》的時候，看到裡面有個公案講的大成就者也是和旺紮一樣，心裡就明白了，旺紮，他是一個精進的修行人。

9 旺紮和他的轉經輪

在我的印象中，旺紮永遠都和他的那個超大轉經輪在一起，我每次見到他，都能看到他拿著他的轉經輪。

他的轉經輪好大啊！那個軸棍有一米多高，上面的轉經輪有大盤子那麼大。我記得那是黑牛皮做的，因為多年不停轉動，牛皮被摩擦得又黑又亮，包漿厚厚的。他在腰間勒一個皮腰帶，行走時把那一米多高的轉經輪插在腰帶的環裡，右手轉著，左手撚著佛珠，嘴裡唸著心咒，從不間斷。

當他坐下時，他就把轉經輪支在自己腿間的地上，這時轉經輪比他的頭還要高一些，仍然不停地轉著。

我不知道旺紮睡覺的時候是怎麼放置轉經輪的。我見到，他只有在田裡幹活時才會把轉經輪放在田邊，一幹完活他就會立刻抓起轉經輪開始唸心咒。在很多時候，他正專心地走著轉著，突然就會停下腳步，除了右手還在轉經輪，連眼珠也不動了。有一次，他又處於這樣的狀態，我們拽他的衣服叫他，問他怎麼了，旺紮回過神來後，好像很滿意，說：「我很多很多年前希望能夠得到這個，現在終於得到了！」我很奇怪，他到底得了什麼東西？我們看他什麼也沒有啊？

後來知道，他說的是安住的狀態。

我離開家鄉到色登寺出家前兩個星期，我媽媽又把我放在旺紮的家裡請他照顧。有一天，旺紮對我說，他以前不覺得轉經輪很重，現在覺得非常重！以前不覺得佛珠很重，現在也覺得重得不得了。他說他聽他的上師說過，如果自己的力量和能量下降了，那是生命快要結束了。他對我說：「估計我活不了很久了。」

許多藏民在年齡大的時候，會把這一輩子轉經輪磨出孔的所有海螺殼串起來掛在床前。旺紮說，他從來沒有收藏過，年輕時他也關注過轉了多少經文，唸了多少心咒，但他現在不執著了。

那天他突然叫我，說：「阿多次仁，我有一個發願，我走了以後，誰只要能摸到我的轉經輪，就會變成像我這樣一個離不開轉經輪的人。」

我當時想，像我爸爸他們那些大人，天天都在忙著幹活，哪有時間和你一樣坐在那裡不停地轉經輪？

在我要離開家鄉的一天早晨，我媽媽突然說：「今天的天空好漂亮啊！」我們全家都出去看。我記得藍色的天空有一片白色的雲，是藏文「嗡啊吽」的樣子。

半個小時後，旺紮的兒媳婦出來說，旺紮昨天晚上睡覺時還好好的，早上大家起來時，發現旺紮已經走了。她請我的父母去幫忙。我爸爸回來時說，旺紮是在睡覺的時候離開的。大家看到他端端正正坐著，和活著的時候一樣。

在我的生活中，有許多這樣平凡得不能再平凡的人，長相很普通，穿著也很普通，但是他們的善良和清淨讓我時時想起來就很感動。他們心越來越純淨，在他們離開後，還會留下一段傳說和讚嘆。

我想，他們是來給我們這些不夠精進的修行人示現的，讓我們有了力量和信心。

10 極簡生活者

色登寺十三世活佛德爾色・切美仁波切有個姐姐，也是一個出家人。我知道她是一個很好的修行人，但有人覺得她是「神經病」，因為她完全沒有為任何事情刻意費過心，顯得特別隨心所欲，和常人不太一樣。比如她在說一件事情的時候，會說著說著就突然轉到另外一件事上去了，沒有什麼開頭，沒有中間，也沒有結尾。

她待在寺裡唸經的那些天，也會突然就離開寺廟。有時是早上，有時是晚上，有時是凌晨，甚至是半夜，她隨時想走就走了。所以大家認為她就是「神經病」。

實際上不是這樣的，她是修到了一定的境界，已經心無罣礙了。

她生活特別簡樸，但她總說：「我很快樂很快樂，非常快樂，我很開心很開心。」

我記得她有一個煮茶的壺，有一個小小的袋子，袋子裡面裝的是糌粑。她還有一個碗放在一個包裡，這就是她的全部家當。走路的時候，她就把這些背到肩膀上。如果她坐下來休息，她就會煮茶，然後就著茶吃點糌粑。她覺得這樣很好，東西不多，容易攜帶，而且隨便坐到哪裡都可以馬上煮茶吃糌粑，也不需要做很多很多的事情。

她吃得很簡單，因此麻煩就少得多。在漢地我們吃個飯，要做菜，要煮米飯，需要準備很多的東西，要做很多的事，如果想吃得豐盛些就會更複雜。而在藏地，雖然沒有那麼豐盛，但還是挺複雜的。比如說要做牛肉，要做酥油，還要做牛肉、酥油的各種類型的包子、麵塊等等，也需要做很多很多事情的。而她覺得不必要，走到哪裡，只要煮個茶吃個糌粑就可以了，很簡單。她覺得她很快樂，很舒服，也很滿足，因為可以省出更多的時間來唸經唸心咒。

有一次，她過一條河，一不小心，身上背的茶壺和糌粑被水沖走了，然後她就什麼都沒有了。但她反而好像很開心，她覺得從那一刻開始，她的生活更加舒服了。

為什麼呢？因為，以前她總帶上這些東西，非常重不說，還得老牽掛著，現在好了，連這些負累也沒有了。後來，人家再要給她這些東西，她就說：「我不要了。我沒有這些以後就更加好了。」她認為，只要能夠滿足最基本的生存就可以了。

生活就是這樣，越捨越簡單，越簡單越快樂，放下越多就越開心。但是我們大多數人，卻做不到這一點。

我們總是焦慮，擔心存的錢不夠自己花，不夠兒女們花，甚至擔心自己死了以後，存的錢不夠兒孫們花。幾乎所有的人都認為，不管自己擁有了多少財產，都還需要賺錢，沒有錢就彷佛沒有了保障。

我們總是擔心現在的事業、工作不能長久平穩。人們都希望在退休之前的幾十年裡都能夠一直順利，沒有變化，沒有意外，特別是有官職的一些人，更是希望有機會升職，而且時刻害怕別人替代了自己。

我們總是憂慮，怕自己愛的人不愛自己了。人人都期待天長地久，但面對誘惑時，往往就忘記了曾經對愛人許下的誓言。遭到背叛的那個人鬱鬱寡歡，傷心欲絕，這所有的痛苦都是因為：世間的人們對一切都不捨得，放不下，認為這是「我的」，那也是「我的」，沒有的樣樣都想要擁有，再多也不嫌多；擁有的不捨得失去，就算沒失去也永遠在患得患失。

這有多麼苦啊！這樣想來還是德爾色•切美仁波切的姐姐更智慧，她捨去一切不需要的，心靈更輕鬆，反而得到更多空間和時間尋得真正的快樂。

其實是越捨越快樂！

11 把心修得像天空一樣寬闊

（一）

土絨活佛曾經講過他自己的故事。

土絨活佛說，在二十世紀六、七〇年代的一段時間裡，大家每天中午都要開會批鬥他，批鬥會一直持續三、四個小時。頭一天他想：「我明天又要挨批鬥了，但我一定不能生起嗔恨心。」於是他每天虔誠觀想、祈禱上師，在觀想上師的面前發誓：「明天不管是誰批鬥我，誰罵我打我，我都不能生起嗔恨心。」

第二天中午，那些人和往常一樣，怒氣沖沖地把他叫出來帶到會場公開批評、打罵。土絨活佛說，有時他從批鬥會一開始時就唸《普賢行願品》，到唸完的時候，他們正好也就打罵完了；有時因為挨打的時間太久，只唸到一半時就昏了過去；但是，他從來沒有生起過嗔恨心。

後來佛法復興，他又開始弘揚佛法。這時候很多人對他說：「仁波切，我們曾經因為無知造過很多罪業，也對你做過很多壞事，我們要在你面前懺悔！」

他說：「你們不要擔心，我從來沒有生過你們的氣，這是我修忍辱的一個對境，對我修行非常有幫助，我還要感謝你們！」

他修忍辱真的修得非常好，我們大多數人都是做不到的。

（二）

我的上師仁波切坐著的時候很莊嚴，但其實，他站起來的時候個子很小。那是因為當年有個人打他，他脊椎部位的骨頭被打斷了，雖然在十五歲那年動了手術，但從那個時候起，上師仁波切的個子就不再長了。

打他的人現在還在，而且，上師仁波切在傳法的時候還經常叫他坐到最前面、離上師最近的地方。

我們凡夫人心裡會有這樣的想法：挨著上師坐得越近，得到的加持力就會越大；要是我們在灌頂的時候能夠坐在最前面，那得到的加持力就會更大了。這是一種執著。其實，不管坐的是遠還是近，得到的加持力都是一樣的，但我們就會有這樣的執著和分別。因此，上師仁波切經常在法會或者灌頂的時候把那個人叫過去，讓他坐在離上師最近的地方。於是，他就經常坐在那裡，灌頂也是先給他做。

上師仁波切對他真的非常非常好，從來沒有對他生起過嗔恨心。上師自己也在傳記裡面寫道：對於曾經打罵過他的很多人，他從來沒有生起過哪怕是一瞬間的嗔恨。

我們很讚嘆這樣的高僧大德！他們修持了慈悲，修持了大乘佛法，達到如此這般的忍辱境界，他們的心就像天空一樣寬闊！我們所在意的那些貪、嗔、癡的對境，在他們猶如虛空般的心裡，卻是什麼痕跡也沒有。如果不是大成就者，怎麼可能做到這樣呢？

現在我們很多人認為，只有上師、佛菩薩、成就者可以做得到這樣，我們肯定做不到。其實，只要我們自己願意做的話，是能夠修到土絨活佛和上師仁波切那樣的忍辱境界的，我們真的一樣可以做得到。

（三）

我很讚嘆我們色登寺附近的一位農民。

這位農民的兒子被別人殺了，大概一個月後，雙方就要開始談判。這位農民就說：「不需要談判。過去我的兒子做了這樣一個因，現在得到這個果，這是因果法則，是不會錯亂的。他也不希望殺我的兒子，我的兒子也從沒想過會死在他的手裡，但大家就是遇到了這種事情。因緣聚合在一起的時候，兩個人就變成了這樣，所以，現在不需要談判，我們要從和平的角度去看待。本來我們從小就開始唸誦觀世音菩薩心咒，大家就要圍繞觀世音菩薩『世界和平』的發願來解決。你們給我兒子的賠償款不用付給我們家，你們把錢拿去多種一些善根，可以刻個《大藏經》，我們不需要這個錢。我們從這件事情發生開始就沒有仇恨，以後也不會有。我們彼此要像朋友一樣對待。」

當我聽到他說這些話的時候，覺得他真的是菩薩，應該要學習他。做為出家人，如果這樣的事情發生在我們身上，我們能不能做到他這樣？恐怕真的很困難。這個「困難」的念頭一出來，我就感到非常慚愧。他是一個在家人，能夠有這樣清淨的發心，我們應該隨喜他，他這樣做真的是非常非常好。

這些故事告訴我們要好好地修忍辱。我們過去做了這樣的因，現在得到這樣的果，我們應該要好好地修行迴向，這既是我們修忍辱的一個對境，也是非常好的一件事。同事之間也好、朋友之間也好、夫妻之間也好，都要盡可能地去修忍辱，把自己的心量打開，讓自己的心像天空一樣無邊無際，煩惱自然也就無處可存。

12 不必太在意

我們色登寺有個喇嘛，我很佩服他，也很讚嘆他，我覺得我們應該向他學習。這個喇嘛小時候生了病，手腳都是殘疾的。他的臉也比較難看，有人說他像雞，有人說他像羊，人們常常議論他，甚至當著他的面也會說不好聽的話。聽到這些，他並沒有不高興。他的右手動不了，但左手可以動，別人說起他的缺點時，他馬上用左手在胸前來表達合十之意，然後唸「上師知！」每次別人笑他，他都是這樣的。從來沒有生過氣，也沒有過怨恨。

有些學佛人的修行真是很好，他們的性格、脾氣等各方面都不錯。還有些學佛人平時對三寶非常恭敬，學習佛法也很精進，但是一旦遇上他的員工有哪些事情做得不對，就開始發脾氣罵人，而且罵得非常難聽。我覺得學佛的人不應該這樣，遇到這種情況，完全可以調整自己的心態，好好地說那些事情哪裡不對，應該怎麼去做。我們對上師、長輩、領導往往都能控制自己的情緒，而對那些比自己位置低一點的人，我們就忍不

了、容易生氣，這是非常不好的。

比如，我們去飯店吃飯，點好單以後我們在那裡等，等了很久很久服務員也沒有端來飯菜，心裡就煩躁起來。催了幾次之後有的人心裡還會生起嗔恨，開始發脾氣，或者大喊：「為什麼還不上菜？怎麼回事？」

我們學佛的人應該平和，任何人任何事都要用慈悲心去對待，不能因為飯菜上遲了些，我們就大喊大叫。凡事需要忍一忍，我們要把自己訓練成什麼事都不在意。

排隊的時候也是一樣的，在我們後面的人強加到前面，或者別人擠到了自己，我們就開始發脾氣生起嗔恨心。這個時候我們就要告訴自己：真的不必太在意。

色登寺附近有一個修行者，他修得非常好。他弟弟的孩子被別人殺害了，他卻去了那個兇手家裡幫忙唸經。他家裡人阻攔他說：「你不能去，你去了我們家就太丟面子了！他們家人殺了我們家裡的人，你還要去幫他們唸經？」

這個修行人說：「我是一個修行者，對我來講，沒有敵人，也沒有親人，所有人都是一樣的、平等的。」

那我們觀察一下：這件事情如果到了自己頭上，我們能不能做到像他這樣？做不到的。

所以，能做到這樣的人真的是非常不容易。這是非常清淨的一個修行人。我們修得清淨以後，就可以看透因果，以德報怨，就可以什麼辱都能忍得了，多麼大的事情都可以不在意了。

阿底峽尊者跟他的弟子說：「從此以後，不能在意地位、不能在意名聲、不能在意對境，你就修持慈悲心。」他的弟子聽從上師的話，依教奉行去做，五年就修成了。其實，這些話也是尊者對我們每個修行人說的，重要的是，我們願不願意這樣去做。

13 香巴拉並不遙遠

色登寺以前有個叫白瑪次仁的喇嘛，每到吃飯的時候，管家就給他端飯過去。

如果管家問他：「師父，你現在很餓吧？」

他就會說：「我很餓。」然後管家端去多少他就吃多少。

如果管家問：「師父，你現在不餓吧？」

他就會說：「我不餓。」然後管家就會把飯端走，他也就不吃了。

對他這樣的修行人來講，吃和不吃都是一樣的。但是普通人就不同了。如果我們餓了，就必須要吃飯。倘若當天早飯沒吃，到了中午，就一刻也不想等，趕緊去填飽肚子。

我有個朋友，肚子一餓就必須馬上吃飯，不能耽誤一分鐘。有一次他對我說：「活佛，趕緊去吃飯吧！不吃飯我就沒有力氣了。」如果讓他等一下，他就受不了，會說：「我不吃飯就頭暈，肚子餓得痛！」

但對白瑪次仁喇嘛來講，吃和不吃都是一樣的，這並不是他反應遲鈍，嚴格的修行已經讓他斷除了執著，顯現了心的本性。

其實，所謂的「餓」是我們內心造作的錯覺。由於我們心裡覺得很餓，然後就生起「想吃東西」這個貪執。但白瑪次仁喇嘛已經到了一定的境界，吃和不吃對他來說都是一樣的，你讓他吃，他就吃，你說不吃，他就不吃。

這就是心遠離造作的清淨本性。

當我們明白心的本性以後，也就會了知一切都是心的造作，包括痛或者不痛，餓還是不餓。

我們要怎麼斷除這種錯覺呢？怎樣去明白心的本性呢？

我們現在就可以開始從小的方面慢慢訓練自己。比如打坐的時候就可以修空性，聽到水聲、風聲甚至更大的聲音，比如悅耳的音樂，我們在聽的過程中，當大腦意識全部集中的時候，就停下來，放下。

我們不要去想音樂，然後就安住在這個空性當中，哪怕只是一秒鐘，我們也要安住其中。我們這樣開始訓練，就會有幫助。

很多人都在說「香巴拉並不遙遠」，很多學佛的人都發願說：「我要去香巴拉淨土，那裡非常殊勝莊嚴。」香巴拉確實很不錯，很好。

而且從一個角度講，香巴拉離我們確實並不遙遠，但從另一個角度講它又遙不可及。如果我們想要去香巴拉，就必須找到一個正確的方法，一個好的途徑。比如你想去北京，那就要嘛坐汽車，要嘛坐火車，要嘛乘飛機，如果選擇走路的話，肯定就很困難了。同樣的道理，如果我們要去香巴拉淨土的話，就要修習佛法，守持戒律，證悟空性智慧，才能去得了。如果不修行，想去香巴拉那肯定是很困難的。

如果我們好好修行，真實地生起慈悲心，生起菩提心，那麼我們離解脫、離香巴拉就非常近了。

你和香巴拉淨土的距離，其實只在一念之間。

14 越簡單越快樂

我們寺裡有一些老覺姆，她們修行非常精進。經常有她們的家人和親戚想到寺裡來看望她們，或者送些東西過來，這時候她們總是說：「不用拿東西過來。糌粑多了，我的房間太小放不下，我磕頭就沒有空間了。你們經常過來，我打坐的時間就得推遲。有時候正打坐，你們來就會打擾我，也耽誤你們的時間。沒大事情你們就盡量不要來吧！會影響我修行，我唸經的時間都不夠啦！」

我們能做到她們這樣嗎？比如說有些人去一個山洞裡閉關或者去哪裡靜修，如果有親戚過來，也許有人高興得不得了，會問親戚帶了

什麼好吃的東西沒有。但她們不是這樣的，她們的想法是：我不去看你們，你們也不來看我，我就放下了。你們有事情可以過來找我，我可以幫你們解決，或者可以唸經。但是沒有事的時候天天來找我，這是不行的。

這些老覺姆在修行上很認真，在生活上卻非常簡單，幾乎沒有什麼要求，總是很滿足很快樂。

現在我們每個月給色登寺養老院的那些老阿姨一點錢做為生活費，雖然不多，但這對她們來說完全可以讓她們安心生活，全心修行了，所以她們都很開心，覺得現在很有錢，有很多吃的東西，就非常滿足。她們經常說：「感恩上師和寺廟給我那麼多錢，還給了吃的東西，那麼多！」

她們也知道，世間一切眼、耳、鼻、舌、身所能感受到的色、聲、香、味、觸，都是誘惑。就像喝鹽水越喝越渴一樣，這些誘惑讓我們越享受就越增加貪心，也越是放不下。所以，她們就慢慢把這些斷除，慢慢放棄一切貪慾享受，放棄一切牽掛和煩惱，這就是修行。

這些老覺姆和老阿姨的修行，讓我覺得真的很隨喜也很佩服。在修行中能做到這樣的，才是真正的修行者。

寺廟在收到漢地師兄們寄來的舊衣服後，就會分給附近老百姓，或者是分給養老院的這些阿姨們。阿姨們覺得好開心，穿的時候就很高興，總是在比較重要的日子裡才會穿這些好衣服。她們認為這些衣服很漂亮，並不覺得是舊的或者穿過的就不好。從這點我們看得出來，她們的貪慾心非常小，心也非常簡單純淨，容易滿足和快樂。

我們學佛的人也應該做到簡單。當然，一開始肯定覺得很難。

比如說你真的放棄世間自己擁有的一切去寺裡修行，寺廟同樣發給你和養老院這些老人一樣多的錢，你會不會像他們一樣覺得自己很快樂，很舒服，有很多錢，有很多吃的？你有沒有這樣的滿足呢？我擔心是沒有。

假如你沒有其他生活來源而只有寺廟提供給你的這些，你可能可以接受，但你肯定沒有快樂感和滿足感，而只有失落，因為我們見識的東西太多了，曾經得到過的好東西也太多了。

可能許多人不能理解這些修行人。許多老人非常在意自己的兒孫有沒有常來看望自己，如果沒有經常來，就會覺得兒女不孝順了，覺得自己很孤獨。總是把所有的情感寄託在對兒女的期盼上，這就會有失落和煩惱。

我們如果能從有事沒事之中找出一些時間來好好地修持，心慢慢就安了，就會體會到滿足和快樂。而如果我們總是天天在各種世間法裡去生起貪心，把心放在這裡，肯定是不行的。

這個世界很豐富也很精彩。要把自己從繁華中抽離出來過簡單的生活，斷絕物質慾望和享受，關照精神安寧和皈依，這不僅需要勇氣和福報，還需要智慧。

願我們都能明白越簡單越快樂的道理，能夠智慧地捨得放下，獲得真正沒有罣礙的幸福。

卷四 做一個歡喜的人

1 把一份美好的感情變成珍珠

離我家鄉不遠的金沙江旁邊，有一個海拔比較低的地方，那裡的山坡上長著很多野櫻桃。每年四月份的時候，這些野櫻桃都會結出果實，大些的很甜美，小些的就會比較酸。

看到人們採摘櫻桃的照片，我告訴漢地的朋友，在我很年輕的時候，也曾經去山坡上採摘過一次櫻桃。那個朋友很不相信：藏地，居然會有櫻桃？！

是的，這樣美好的果實，在我們藏地居然也有！

我有個很美好的回憶，那是在我十幾歲時候的一個四月裡，有位朋友和我一起去摘過野櫻桃。

二十歲之前我都在遼西寺的佛學院學習，從七歲起，我每天都在緊張地學習經論，要嘛就在參加法會、唸經。我在嚴格的戒律中度過每一天，沒有虛度過時光。平常我每過兩三個月學完一部經或論，通過考試之後可以有一兩天休息時間。那時我喜歡坐在遼西寺的松林裡聽風的聲音，或者洗完衣服後躺在遼西寺山坡下的河邊曬太陽，那些都是我難得的閒暇快樂。

摘櫻桃那天陽光很燦爛。路邊是綠油油的青稞地，有幾個阿姨散在田裡忙活著。我們順著路去採櫻桃，邊走邊聊。現在回想起來，當初聊了什麼已經模糊了，可是那種輕鬆快樂的感覺卻仍然很清晰。

朋友和我找到了那十幾棵櫻桃樹，樹不高，櫻桃結得也不多，可是我很欣喜能夠看到每一顆櫻桃，而且每摘到一顆，朋友都和我一樣高興得笑！因為太陽特別大，在回來的路上，朋友用撿到的長長的綠色軟草編了個草環讓我戴在頭上。一切都那麼美好，又那麼新鮮。

記得那天朋友問我，你會永遠在寺院嗎？

我說會。

朋友說，如果我早認識你……

我們沉默了很久，只在太陽下面走路，我心裡有一些難受。

那天燦爛的陽光，朋友的笑容，香甜的櫻桃，山路邊的青稞田，我們一路邊說邊走的情形，都像被冷鮮處理過一樣，可以清晰地在我眼前再現。時隔十多年，我彷佛看得到過去，可以重新體味到短暫的幸福。

但更多時候，我會用這些美好來修習人生無常。我們每個人都帶著前生累世的緣分而來，每個人都經歷過美好的感情，大多數世間人都會說珍惜、把握、抓緊。

而我想說的是，我們要學會把一份美好的感情變成珍珠。

如果是結婚的緣分，那就好好珍惜；如果是相遇的緣分，那就把相遇的瞬間把握好，然後輕鬆放下；如果你一直想著要抓緊，你一定會疼痛、失去，因為世間一切都不是「我」的，我們能做的就是欣賞、接受、感恩、回味、放下。我們要學會結善緣，或把所遇的緣分轉為道用，觀修無常是我們必須學會的。

漸漸地，我們就會明白，果然，人生是一場夢幻。我們執著的往往是一瞬間的美好，卻都喜歡想要永遠。

家鄉的櫻桃樹每年都會結果，我的記憶還在，我和朋友一直都是十幾歲的樣子，可是朋友現在又在哪裡？「我」又在朋友的哪裡？智慧如朋友，也能明瞭人生無常，所以那天朋友說了半句話。

幸好我把這份美好在最好的時候定格了。

想念放在心裡會痛，我就選擇用美好的祝福，把這個想念包裹成一粒珍珠，從心口拿出來。這時思念不會再弄痛我，反而，珍珠美麗的光澤，會在我的修習中變得越來越光亮，甚至可以照亮我的內心，讓我看到自己。

我很感恩能夠在我們年華最美好的時候彼此遇見。願這份感情變成一粒光彩奪目的珍珠，真好。

2 傲慢的山頂留不住智慧的水

我以前見過一個人，他問我：「你從哪裡來的？」

我說：「我從西藏來。」

他說：「小師父，你坐一下。」

然後我就坐在沙發上，他拿了一個凳子過來，雙盤坐下說：「小師父，面對我這邊看著我。」他就開始唸著什麼，中間停頓了一下，突然間大聲喊：「哈！」

「小師父，你看到什麼東西沒有？」他問我。

我說：「我沒看到什麼。」我確實什麼也沒有看到。

他說：「哦，你的業障比較重。」然後他就走了。

也許是我的業障太重，也許是這個自稱阿秋喇嘛弟子的人傲慢心太重。在我的人生當中，除了阿秋喇嘛，從來沒有人問過我這樣的問題。當年我和阿秋喇嘛在一起的時候，阿秋喇嘛曾做過一個手印給我看，當時周圍還有許多僧人，我看到手印裡面有一個龍欽巴尊者的像，大家也都見到了。

阿秋喇嘛不單是對我這樣，很多高僧大德都承認他這樣問過：「我頭上有什麼？我胸間有什麼？你們看到沒有？」連我的上師仁波切和阿秋喇嘛在一起的時候，阿秋喇嘛也說：「阿瓊，你看到沒有，我這裡有一個觀世音菩薩。」上師仁波切也承認，人家確實是成就佛的果位了，所以他可以做到。我在藏地見過很多上師，除了那次以外，從來沒有人問過我這個。

有些人學了一些佛法知識，就覺得已經精通顯密，就開始傲慢了。其實，佛法的八萬四千法門博大精深，只是學了一兩本是學不會、學不通的。我們應該謙虛，這很重要。不管你真的學得怎樣，修得怎樣，做人都必須要謙虛、低調，這非常重要。無論是法王、仁波切、大活佛還是師兄裡的大師兄、小師兄，不管是年齡大的還是年齡小的，大家都應該要謙虛，懂禮貌。

我們對眾生要生起慈悲，首先我們要謙虛，傲慢心對我們來講是很大的障礙。有句話說「傲慢的山頂上留不住智慧的水」，其實傲慢心，凡夫人有，學佛的修行人也有，所以我們要時常觀察自己，時常斷絕傲慢心。對於喜歡居高臨下的人，如果有一把鋒利的刀，沒事的時候就放在刀鞘裡，不要總是拿出來給人看。除了大成就者的示現，凡夫人這樣做只能增加自己的傲慢心。

如果我們的心是一個大海，那麼就能容下無邊無際；而如果我們的心是一個碗，那就只有一個碗的容量。如果僅有的這個碗也被傲慢裝得滿滿的了，那什麼樣的妙法也融入不了我們的心，再好的上師也無法教我們修行的法門了。同樣的道理，如果我們從來都居高臨下俯視別人，那我們怎麼能夠看到眾生的優點和美

好？我們只有居於低處，內心調柔，對萬事萬物都有恭敬心，對別人的成就都真心去隨喜，那樣，我們的眼睛和心裡才會有一個更大、更美好的世界。

3 花開的時候，樹下是否還有人在等你？

很多年以前，我會和你們一樣，在美好的春天裡做著美好的想像：家後面山坡上的那株桃樹又長高了，並且大片大片地開著花；阿媽從河邊把水背回了院子，爬上山坡朝桃樹走去，在那裡遙望我的歸來；跟阿媽說起老喇嘛每天都會發給我三顆糖，阿媽笑了，眼睛像彎彎的月亮……

這樣的幸福憧憬在我十一歲那年因母親的突然離世戛然而止。此後的春天，桃花依舊燦爛，而我再也牽不到母親的手了。

很多人對幸福的期待是：和所愛的人一起慢慢變老。然而，當我們規劃了幸福並為之努力，等待萬事俱備再去迎接時，遺憾往往已在不知不覺中發生。

你有沒有過這樣的經歷：晚上入睡之前，突然生起一個令人興奮的念頭，連忙起身激動地翻箱倒櫃尋找與這個念頭相關的東西，或者把它記錄下來，生怕夢醒之後忘得一乾二淨。然後回到床上再三回味，繼而輾轉反側，最終一夜無眠。等第二天起來，就在穿上鞋的那一瞬間，突然發覺這個折磨了你一宿的念頭竟已變得索然無味，甚至可笑之極。再過兩個小時，這個念頭就像握不住的細沙，慢慢在手中飄散，直至無影無蹤。

人世間的幸福、快樂和痛苦，就像這個念頭一樣，來也如風，去也如風。

大部分人過去、現在和未來一直都處在沒完沒了的計畫中，夢想很多，目標很多，總覺得有大把的時間去實現，還有更多的完美等著我們去追求，然而，世間法裡根本就沒有完美的東西的。廣闊的天空下，天氣在變幻，萬物在老去，別離在發生。當我們覺得美好觸手可及時，它往往已經變轉了方向，非常迅速而且難以預料。誰也不知道以後會發生什麼，所以，與其期待未來，不如好好珍惜當下。

春去春又回。在我們猶豫著要不要去看花，哪一天去看花，去南邊看花還是去北邊看花的時候，有沒有想過，那棵開花的樹下，還有人在等你嗎？

4 紅塵

戀人之間感情非常好的時候，會認為輪迴是非常美好的，甚至會約定來世再做夫妻。生活富足又擁有健康的人們，有幸福感和滿足感，也會認為輪迴很好。

的確，我們這個娑婆世界是有很多美好和享受的東西，如果不去想世事無常，不去想輪迴的本體就是苦，沒有遭遇許多突然降臨的厄運，那我們對這些東西的喜歡，會讓我們對紅塵充滿留戀。

但是，再漂亮的花朵也有凋謝的時候，天上的彩虹也總會消失，一旦兩個人的感情出現問題開始猜疑爭吵、健康的身體突然生了重病、高收入的工作突然失去的時候，我們才會覺得這個輪迴真是痛苦，我們在這個家庭裡很痛苦，和這個人在一起很痛苦，甚至覺得整個人生都很痛苦。

其實，這個輪迴本來就是痛苦的，沒有所謂長久的幸福。

所以，當我們遇到違緣和接二連三的麻煩的時候，我們要知道，人生本來不如意的事情就佔了大半。如果自己原來對輪迴還沒有瞭解，那現在，正好利用這個機會來生起出離心。

然後，我們要對可憐的眾生生起慈悲心。因為不單單是我們自己，其他的眾生也是痛苦的。我們身體健康時，體會不到生病難受，當我們感冒了，就知道非常不舒服。我們去醫院，就能看到很多因為生病而痛苦的人，有的人看上去病情非常嚴重，比起他們，我們的小病痛根本就算不上什麼

了。感同身受之後就會生起慈悲心，這是我們看透紅塵本質的一個很好的對境。

有些年輕人遇到困難時容易想不通，無法面對，就開始迷茫，甚至生起各種嗔恨心，拿刀子衝到別人家門口，或者不斷打電話罵人，總之是想盡一切方法來對付傷害自己的人。遇到困難、受到傷害等這些事情，從某個角度來講，是不好的事情，但從修行大乘佛法的角度去看，這也是好事，因為這會讓我們對輪迴產生厭倦，生起出離心。

當我們舒舒服服、吃飽穿暖地坐在家裡，一切都很順心如意的時候，我們能想起佛陀嗎？能想起上師嗎？可能不會。也許我們根本不會想著去修行。

修行比較好的人時時刻刻都不會忘記佛陀和上師，而紅塵裡的人在自己無憂無慮的時候就忘掉了，只有遇到困難和緊急事情時，他們才會想起上師：上師，我遇到了麻煩，怎麼辦？

出家人也有這樣的情況：平時該修行的時候他不修行，該祈請的時候他不祈請，做一些沒有意義的事情浪費了時間，蹉跎大半人生。

我們既然看透了紅塵的本質，就要為自己訂一個計畫，下一個決心：我要為幫助所有眾生一起離苦得樂而修行。

可是有人很悲觀，認為反正人生這麼苦，我就胡亂地過日子，什麼時候死了什麼時候結束，還奮鬥什麼？總之都是一場空！

這其實是進入了另外的一種極端。看透了苦才是人生，我們才更有必要去堅強面對生活，把握自己的命運。因為，生活就是我們修行的大道場，我們身邊的每一個人都是我們修行的對境。

我們應該把生活中遇見的所有事情，不管是順利的還是不順利的，都當成我們修行過程中佛陀對我們的考驗而認真面對，那你很快就會感覺到，這樣良好的心態真正能帶給我們加持。

那時我們會明白，雖然紅塵裡的人生本身是苦的，但是，我們為了離苦而努力的過程，卻是很歡喜的。

5 你還不肯夢醒嗎？

在大家眼裡，夢境和現實是分得很清楚的兩回事。我們在夢中看到已經離世的親人或者我們悅意的對境，就會回味，這個夢吉祥嗎？歡喜嗎？是什麼意思呢？難免的，人們更會為噩夢困擾而擔心。

在漢地有句話這樣說：「眾人皆醉我獨醒。」在成就者的眼中的確是這樣。因為真正覺悟的人就會知道，我們所看到、聽到、感知到的這一切，都是如夢如幻般不真實的。有人可能會問，難道我都不能相信我的眼睛和我的耳朵了嗎？

是的，那所謂的真，只是相對的，如果把它放在我們的生死輪迴裡，依然是無數如夢如幻境相中的一個顯現。要說有沒有真的東西呢？只有佛法不虛，只有累世以來造作的善根惡業真實不虛地與我們如影隨形。

在藏地有這樣一個故事：朋友兩人在一起喝茶，在熱茶倒進木碗之後，其中一人還沒喝就進入了夢境。在夢裡，他遇到了心儀的女孩，開始了美妙的戀愛。不久，他如願以償娶到了這個女孩為妻，之後他們還有了一個可愛的兒子。他覺得很幸福，為了能讓家人生活得更好，他努力賺錢、蓋房子，這期間又經歷了無數艱辛勞累和困難。可是意外發生了，他的兒子死了！這個人頓時陷入傷心和悲痛之中，痛不欲生。當這個人從夢中醒來時，他感慨萬分告訴朋友說，你不知道這麼多年來我經歷了多少事情！他的朋友微笑著說：並沒有多少年，你入睡前我給你木碗裡倒的茶，現在還溫熱呢！

我們現實中的生活也是這樣，如果把每個輪迴都看成一部劇情真實的電影，那許多人都在全心投入地演戲，在電影結束的時候，我們才知道自己那麼辛苦的痛苦或歡喜竟然全是假的！人們苦巴巴賺錢，感受生老病死的痛苦，為了一點點小事而傷心、抱怨父母、和兒女生氣，原來只是在演一部電影啊！可是當業力把我們丟在下一個輪迴裡，我們會忘了以往的痛苦，又開始扮演新的電影角色。這時，我們依然會賣力地演，因為我們不知道因果規律。可能往世的電影裡，曾經演過我們父母的人現在扮演了我們的朋友；曾經是我們恩人或者仇人的，今世可能是我們的兒女；上一世愛得死去活來的情人，可能在這一世正處心積慮地想要置我們於死地。再想想我們看過的電影，打仗的電影會死許多人，愛情電影會有許多甜蜜，也有許多離別。電影終場了，真的有人死掉了或者有人結婚了嗎？

沒有的。我們可以明白那是電影，是假的，卻不能明白我們自己在輪迴裡演的一個個角色和一部部電影也是假的。這就是我們的業障所致，是我們無始劫流轉在輪迴裡沉溺的習氣。

世間的凡夫人都認為，夢到的東西是假的，醒來後，現實中清晰的一切才是真的。實際上呢，這還是在夢裡，是你醒來的那個夢之外的另一個夢而已！

那有人會問，我們難道永遠就在夢裡了嗎？

其實，在我們臨命終時，這個夢才結束了。

是夢就會結束的，只有脫離了輪迴我們才是真正醒來了。但我們一定要在夢醒之前做好一切準備，才不會迷迷糊糊又進入輪迴的苦，重新醉生夢死。

6 結婚

我們藏地的人結婚比較簡單。結婚那天，通常是新娘的娘家舅舅先到男方家來，然後新郎和娘家舅舅一起騎著馬，去女方家把新娘接來，回來的時候就有三個人。而這時，等在男方的全家人就會一直唸黃財神心咒之類的心咒，為新婚的人祈福。等新娘子接來了，人們很熱鬧地祝福他們，然後大家就一起喝青稞酒、吃飯，這樣結婚儀式就算是完成了。

據說有的地方也有很闊氣、很講究的婚禮，會大肆宣揚結婚，請親友們吃飯，會大聲報牛蹄、羊蹄、羊頭有多少多少，但這只是我聽說的。我們那裡比較貧困，沒有親眼見到過這樣的氣派。

新郎和新娘大多數在結婚之前幾乎都沒有見過面，他們的父母決定後，他們就結婚了，而且基本上一輩子不會改變。

我二十多歲時曾經到漢地學習漢語。有一天我們去見老師，見面時我們就在一個飯店一起吃了頓飯。吃飯的地方在二樓，可以居高臨下看到一樓的大餐廳。那天正好有人在大餐廳結婚，於是，我第一次見識了漢地的婚禮。

我看到新郎和新娘穿著雪白色的禮服與賓客們相互敬酒，很多人在祝福他們。然後他們開始跳舞。我那時還不懂漢語，但記得音樂的旋律，後來我知道那首歌很有名，叫《甜蜜蜜》。「在哪裡，在哪裡見過你，你的笑容那樣熟悉……啊，在夢裡……」我看到人人都在笑，新郎新娘很開心，彷彿他們真的是在夢裡見到了甜蜜。但我卻覺得他們像是在演一個節目，給觀眾表演幸福。真正幸福的人的默契和淡定，我在他們臉上並沒有看到。

我知道很多人今天和明天的幸福是一樣的，不像天氣那樣不穩定——一會兒出太陽，一會兒又下雨，瞬息變幻；也有很多人，他們的感情和幸福變化非常快，說失去就失去了，也許現在很開心，晚上就會吵架。不知道為什麼，那天我見到的那對新人，他們的笑容讓我覺得他們一直是在向別人宣告：我今天結婚了，我要拼命地幸福！我要使勁笑給大家看！這種感覺很清晰。

後來我有了許多漢地的朋友，聽他們說起自己婚姻的幸與不幸，才漸漸知道，世上還有「離婚」這個詞。也知道許多人的感情其實是有隱藏的，當然對物質的隱藏也是經常有的，這是我們當下現代人的悲哀，我們很難信任別人，也很難被別人信任。人們總是不輕易把自己的感情拿出來，因為怕被傷害。

有人對我說：「上師，我被騙走過財產和時間，也被騙過感情，現在我對一切都沒有信任了！」這是很大的悲哀。我是出家人，聽到在家人這麼說，很多時候心裡覺得沉重，我會沉默。

我不想說無常，也不想說放下，我只希望有緣分走進婚姻的人要彼此珍惜，而需要把幸福演給別人看的人，盡早放下煩惱吧！

7 咖啡館裡的小金魚

我以前有段時間在北京學漢語。那時，學校的不遠處有家咖啡館，雖然每次去上課時都會路過，卻一直沒有進去過。

後來有一天，我上課去得早了些，就帶著我的書和筆記本進了咖啡館，找了個靠窗的座位坐下。我點了杯咖啡，喝起來有些苦也有些澀，於是我加了許多糖。加了糖後的咖啡有點好喝，又有點不好喝。

咖啡館裡人很少，透過玻璃的陽光剛好照得到我。我聽著音樂，覺得自己很放鬆，意氣風發，充滿了自信，什麼也不怕，什麼也不用擔心，沒有任何壓力。

時間彷彿過得很慢。

我座位的桌子上有一個小魚缸，魚缸裡有兩條紅色的小魚，因為魚缸特別小，牠們倆只能來回轉著圈地游。在此之前，我見到魚都是在河裡游的，而我面前的兩條小魚卻只能在這麼狹小的空間裡求生存，連身體伸直的可能幾乎都沒有。

「如果牠們生在河裡，就可以自由自在地游，多好啊！牠們長大了怎麼辦，說不定要在這裡待一輩子了」，我想。

我看不出牠們有沒有不甘心。也許因為牠們從來就沒有見過外面的世界，所以就很滿足現在，覺得很開心。牠們想不到外面還有河，還有海，還有更大的世界。這是多麼悲哀啊！

這兩條小魚在小魚缸裡轉圈游著。牠們倆有沒有在說話聊天呢？我想牠們肯定是有交流的。世間的每個人都希望能夠和親朋好友交流內心的想法，因為我們需要陪伴，需要分享，需要快樂。我們小時候，有父母在身邊，不需要別人陪。長大了越來越孤獨，我們就需要夥伴，不管是動物還是人，都需要交流。許多朋友告訴我，他們非常孤單，有心事沒人可講，有痛苦無處可說。確實，就算有人願意聽，理解我們的人會聽得進去，而更多的人可能會冷漠相待。

其實想想，我們都和魚缸裡的小魚一樣，孤獨無助，卻又無法脫離。如果覺悟到自己的困境，我們就會痛苦，就會拼命想要脫離；如果沒能覺悟，暫時會比較開心，但困境其實一直存在，就算當時不覺得痛苦，但最終也會在這樣的絕境裡毀滅。

我們的生命就是這樣，美麗是表面，痛苦是實質，我們需要的是覺悟。

8 累了就放鬆吧！

我有一個朋友，他說他最喜歡收錢，而最不喜歡的，是把錢給別人。每當把錢給別人的時候，他就無比難受。比如說，從別人那裡借來錢放到身邊沒有什麼感覺，一旦要還錢了，他就開始不舒服，尤其是準備轉錢的時候，他的心裡就特別不是滋味，老是看著銀行卡。

確實，我們就是這樣的，自己從別人那裡拿東西的時候，很高興。自己的東西給別人的時候，心裡就會因為萬般捨不得而難過起來。

做人很累，出生後長到一定的時候要開始上學，上學了又要努力考到好的學校，早出晚歸很辛苦；好不容易畢業了又要去找工作；找到工作後又要娶老婆、找老公，然後生孩子。娶老婆又想要漂亮一點的，各方面都要圓滿；找老公也是一樣的，要帥一點的，而且不僅要帥，最好個子還要高一點，同時還要考慮這個人有沒有錢。

從這些方面講，人活著真的很辛苦。

擁有了這些以後，人們總會認為這永遠就是我的了。女人覺得丈夫永遠是她的，男人覺得老婆永遠屬於他。結婚時的願望都是白頭到老，事實上有的是攜手終老，有的卻在中途就分道揚鑣了。一切都是無常的。

有了家庭以後，我們開始追求人世間的各種東西，別人所希求的，我們也去希求。為了我們想要的東西，為了比別人過得更好些，我們想盡一切辦法去拼命賺錢。為了這些追求，我們付出了很多努力和代價。最後，有些人得到了，有些人還沒得到。不管是否得到，在追求的過程中，大家都有難過、痛苦、委屈，甚至受到了各式各樣的傷害，自己也因為貪、嗔、癡、慢造了不少惡業。

我們要知道，一切都有變化性，並不是得到以後就能永恆長久。錢也是這樣，我們今天賺來了錢，認為這個錢就是「我的」，放到包裡面保管得好好的，放進保險櫃緊緊鎖住。但明天，這些錢還是不是你的？不一定的。也許小偷來偷走了，也許因為你從別人那裡借了錢，別人來找你討還，你就要從保險櫃裡面，把本來裝得好好的錢拿出來還給別人，錢就沒有了。

所以，一切東西都不會永遠是我們的。

有些人追求財富，好不容易得到了，卻沒過多久就被搶走或者被騙走了，吃穿都非常困難，甚至還得了各種嚴重的病，這時我們要明白：這些違緣是我們自己往昔種了這樣的因，所以現在得到這樣的果報；其他眾生也跟我們一樣種過這樣惡業的因，他們現在也得到這樣的果報。

在塵世間一直忙碌不堪的我們已經心力交瘁，是時候停下來想一想：我們想要的到底是什麼？我們如此忙碌，真的得到我們想要的幸福和快樂了嗎？

如果不是，那就趕緊從不停滾動的車輪裡解脫出來，回歸到最初的簡單裡。

累了就放鬆吧！

9 你還能聽到風的聲音嗎？

我的一個朋友曾經對我說，下輩子他想要當一陣風。我問，你怎麼會想成為風呢？朋友說，其實我不是為了當風，我只是希望能像風一樣自由自在，什麼也不當真。不來也不去，不生也不滅。所有快樂和不快樂的時光，所有喜歡和不喜歡的人，不經意間就消散了，沒有暫時和永恆，也沒有幸福和痛苦。

那時我能感知朋友的苦，或者說朋友沉浸在無能為力中的無奈。我們是六道輪迴裡流轉的眾生，沒有可能轉生成風。我們能摸到風嗎？摸不到的，但我們可以感覺到。就像佛法，我們希望佛法能夠救度我們離苦，可是佛法也摸不到，但我們一樣可以感知。我們在聽聞佛法的過程中，漸漸生起慈悲心，漸漸生起出離心，漸漸生起成佛救度眾生的心。在六次第的修學中，雖然我們摸不到我們的心，可是我們會越來越快樂、越來越輕鬆。像風一樣，吹過的時候會有涼爽愜意，風走了以後，我們沒有貪執，依然可以安住我們的心。

塵世裡的我們很忙，如果我問你，最後一次凝神靜靜傾聽風的聲音是什麼時候，你還記得嗎？

我們已經忙得連這樣簡單的寧靜也享受不到了。

我的上師松吉澤仁仁波切傳授給我修習空性的竅訣時，讓我傾聽風的聲音。那時我在遼西寺，山上有許多松樹，風吹過的時候有很大聲音。我專注地聽風，漸漸地，未來的事情完全不在意識裡了，過去的種種念也不存在了——風兒在我的耳邊響，我的當下也沒有了。在風的聲音裡，我突然獲得了寧靜，一切外緣斷盡，心自然而然地安住在不可思議的輕鬆和快樂裡。

我們覺得我們應該更愛自己，所以我們買車、買房，買漂亮衣服、首飾打扮自己，似乎得到了疼愛自己的滿足，然後，花更多精力去賺錢、去奮鬥、去疲憊不堪。我們認為我們是為了愛自己才去做這些，可是我們多麼可憐，我們捨得用寶貴生命裡的大量時間裝點外表，卻捨不得給我們的心一分鐘的關注。我們每天刷牙洗澡洗臉，根本沒想過清洗一下我們的心。

其實真正的幸福是內心的寧靜，是體會到的空性和慈悲，是能救度別人的痛苦。如果我們連風的聲音也聽不到，陽光的溫暖也感受不到，我們的耳朵沒有聾，心卻聾了，這有多麼可憐！

「靜聽花開」是在寂靜裡尋找圓滿，「傾聽風聲」是在繁華中取得寂靜，同樣都是對我們內心的關照。人們認為修行佛法是苦的累的，但這些苦是為了最終的快樂和究竟的圓滿。索達吉堪布有本書《苦才是人生》，我很同意，我想說的是：離苦，才是人生目的！

在忙得透不過氣的時候，給自己幾分鐘時間，靜下來聽一聽風的聲音吧！

10 離苦得樂

我們經常說要離苦得樂，可是我看到許多人，一直在小心翼翼地保護著他們的苦，根本捨不得放下。

曾經，有人拿著一些手錶，見到我就說：「上師，你加持一下，讓我的錶不要壞掉、不要丟掉。這些都是名錶，很貴的！」

也有人拿了一串鑰匙讓我加持，他說這些都是他家的鑰匙。他家大門就有四把鎖，但他還是很擔心有人會來偷東西，所以想要加持鑰匙。

這樣的執著，讓我們一直很難受。因為，不管財物是否丟失，心裡都在惦記、在痛苦。丟了東西，就有失去的苦；沒丟東西，就有擔心記掛的苦。

所以，對這樣的人來說，想要離苦得樂，就得先斷除愛執。

前幾天，我見到一個師兄，他把他去看過病的醫院所有他的病歷都拿過來，說：「活佛，您看一下我的這個病歷，我有這麼多病！」

本來我的漢字就不怎麼好，加上醫生的字又更不好認，我看了一下，就說：「我也不知道這上面寫的是什麼。」

他說：「那上師您好好聽一下，我給您唸。」

然後他就開始唸。

終於唸完了，他說：「我有這麼多的病，上師您看怎麼辦？請您多多加持一下我！」

我覺得其實是他自己心裡生病了。如果心裡有這麼多的執著和擔心，那麼你就有了害怕；有了害怕，病也會越來越嚴重。

當然，我們這個身體不用去保養、不用去看病、不用吃藥嗎？也不是，吃藥、看病是需要的，但是我們不能那麼在意這個身體。

很多高僧大德圓寂時，會像凡夫人一樣害怕嗎？

不會的，他們知道要離苦得樂，就得在修行中先斷除貪、嗔、癡、慢，才能安住在空性裡。我們也要這樣，尤其是我們在生活中得了病，或者遇到一些違緣的時候，我們更要知道這些。

這樣我們的修行境界才會逐步提高，同時，我們也會斷除很多執著。我們總是把自己的念頭放在擔心害怕的事情上，實際上，我們無意之中就沉浸在這些「苦」的念頭裡。因為心裡都是擔心害怕的事情，所以我們當然提不起正念來。唸佛號的師兄，嘴裡唸的是佛號，心裡牽念的卻是他害怕丟掉的鑰匙，或者是他身上的病；唸心咒的師兄，心裡想的全是他的工程專案，這樣的話，大家其實念的是病，唸的是痛苦。我們的心念沒有與佛菩薩相應，相應的卻是我們心裡那些害怕和擔心的東西；那麼，我們一心想要的離苦得樂，又怎麼可能實現呢？

我們從心裡斷不了苦，自然也就離不了苦；我們念念想的都是痛苦的事情，怎麼能得樂呢？所以我們要從「苦」的根本上去思維，在生活中起心動念的時候，就要斷除執念。這樣，「離苦得樂」就不再僅僅是一句空話，而在我們的念念之中將它實現。

11 你殺害的是和你緣分最深的人

墮胎也是殺生，而且是殺害與自己緣分最深的生命。

有位漢地的女師兄，她三十年前在婦產科上班，每月的工資有幾十塊錢。她說當時很多人不要小孩就選擇打胎，或者生下來偷偷遺棄。那段時間，她救了十六個小孩，把他們全部抱回來後送到了農村，給每個小孩找到了善良的好人家。然後，她一直從自己的工資裡面拿出錢來撫養這些孩子，她只給自己留五塊錢家用，剩下的全部給這十六個小孩，一直養到他們大學畢業從事工作為止。這真的是件非常不容易的事情！我很讚嘆她，這位女師兄真的是菩薩！

我們真正學佛的人，能不能做到她這樣？

有人遇到這樣的事情，還會給我打電話說：「上師，我懷孕了，這個小孩我不想要，怎麼辦？」

我只能說：「妳自己看著辦，最好不要墮胎。」

可是，許多人依舊會去墮胎，然後哭著向我懺悔，還希望我能夠幫她超渡自己的墮胎嬰靈。

這是一件很過分的事情！如果，妳不知道墮胎是殺生，那妳的懺悔是真心的，也是可信的。可是，妳明明知道這樣是在傷害生命，然後妳說妳沒辦法生下小孩，妳只能先殺掉小孩再好好求上師加持來超渡！換位想一想，你會原諒這個殺害你的人嗎？

這完全是我們的心太自私、太殘忍。世間所有的眾生（包括動物）都曾經做過我們的父母，我們學佛的人應該要生起無上菩提心，為了救度所有眾生而精進學佛修法。不學佛的人，可以先不講菩提心和救度，但至少要明白，任何動物和人一樣，最寶貴的就是生命，我們有多怕死，牠們就一樣會有多怕死。吃肉就是在殺害別的生命，墮胎也是在殺害生命，而且殺害的是和妳緣分最深的人！所以，不管妳信不信佛教的因果輪迴，僅從生命平等的角度來看，都應該護佑生命，不殺不吃。

只有這樣，我們自己的生命才能平安，我們的內心才能夠得到清淨。

12 如水般流逝的時間

一些上了年紀的人總愛說，我們那個時候怎樣怎樣，或是說，很多年以前如果怎樣，那我現在就能怎樣了，絕對不會是現在這個樣子。聽他們說這樣的話，再想想我們小時候發生的事情，常常會覺得時間真的流逝得很快。

做為一個旁觀者，我覺得很多人的生命每一秒鐘都有特別的價值，除了最簡單的日常生活，他都在做非常有意義的事情，幫助了無數眾生。而有些人的生命，就彷彿是要用來揮霍的，稀裡糊塗就過完了一輩子，甚至還危害到別人。

可能有些人覺得自己的人生很痛苦，看到年輕人都好漂亮，而自己已經老了，頭髮白了，牙也掉了，變得很難看。你不要有這種心態，不要覺得難過，我覺得你是最好的，因為你有信仰。精神上不空虛，對未來不恐懼，這就是我們活著的最大力量。

有一次我到一個城市，我住的酒店的下面有一個廣場，許多大媽在跳廣場舞。我是中午兩點進的酒店，那時她們就已經在跳了，到了晚上七、八點，我看到她們還在跳。

她們當然是開心的，用點時間健身也很好，但花太多時間就太可惜了！仔細想想，如果大家明白我們真正離開這個世界的那一天，我們的依靠在哪裡時，還會不會把大量時間花在這些事情上？你們每天坐一兩個小時聽課、唸經，會腳痛腰痛，但是你沒有浪費時間。所以，你就不要再覺得你的人生不好，你在學佛，你在勇敢努力地解決自己的大事，你已經是很好的很圓滿的人身了。

有的人說：「上師，我雖然學佛了，但我的事業不好了，我的身體也開始不舒服了。」很多人常會有這種心態。其實你是很好很好的，雖然你現在身體有一點點病痛，事業有一點點不順利，但是我們每個人都是這樣，沒有人會有完美的人生。人生就像流水，有時候很高，有時候很低。輪迴就是這樣的，本體是無常。抱怨是沒有用的，自己憐惜自己也是沒有用的，我們要做的是靜下來想想：這一年裡我做了什麼呢？睡覺、吃飯和必需的工作以外，還做了什麼呢？

一般人會發現，我們的大部分時間都浪費了。

那再想：我這麼好的一個人身，難道就一直這樣浪費了嗎？我已經知道了輪迴的苦，也想要解脫，也想要幫助別人解脫，可是我真正生起慈悲心、出離心和菩提心了沒有？

我們會發現，這些都是我們的佛教知識，我們知道的是名詞解釋，而一點點無偽的慈悲心我們也沒有。所以我們就知道，我們已經把我們生命裡的許多時光白白花掉了。所以，從現在開始，我們要好好地調整自己過去一些不好的習慣，好好地、清淨地修持。

我們就先從珍惜時間開始。

我們觀察自己，吃飯要花多久時間？結論是要花很久時間。看手機要多久時間，也一樣，甚至是更多時間。

前幾天，我見到一個居士，她帶了一個很大的箱子，箱子裡裝了很多很多東西，都是往臉上擦的。

我很吃驚：「這個全部能用得上嗎？」

大家替她回答說都用得上。說有的是早上洗臉時用的，有的是晚上睡覺前用的。我想，一個畫家畫一幅唐卡也不需要這麼多東西吧！這些全部都用一遍的話，得需要多久時間？如果我們把這個時間拿來學習佛法，會有多麼大的成就啊！

其實時間對我們每個人來說都如流水一般，不管你有沒有察覺，它都在那裡緩緩地不停地流走。你越懂得珍惜，你就越能察覺到時間流逝的速度，很可怕！

每個人的生命或長或短，在這樣有限的時間裡，我們怎樣做最有意義的事情，這是值得我們每個人思考的。

13 三年前的今天

三年前的今天是個難忘的日子，那天我和朋友聊天，有了一個美好的計畫。昨天我打開記事本看到三年前的計畫，立刻就回想起當時聊天的氣氛多麼愉快，想要完成願望的心情多麼興奮！

三年的時光如流水，再也不會回來了。而現在，我的計畫卻沒有實現，我有些沮喪。如果這個計畫能夠完成，真的是一件很美好的事情。

由此我想到兩個話題，一個是關於福報，另一個是關於個人願望和責任。

漢地的人喜歡講心想事成。我想，真的能事事順心如意需要很大的福報，而我們遭遇許多不順，不能實現美好願望，都是因為我們的福報不夠。或者是我們的貪、嗔、癡、慢在日常生活中，不知不覺已經消損了我們的福報，使我們在修行中和面臨人生大事時，只好承受種種失意。

經常有人問我怎樣可以積攢福報。花錢去放生、隨喜建造佛像、做慈善，這些都是好方法，但錢卻不是最重要的，否則沒有錢的人豈不是沒辦法做功德了？我想，關鍵是我們的發心。從一開始學佛我們就應該觀察自己，每一個行為是不是有意義，觀察我們每一個念頭是善還是惡，是不是從內心真的生起慈悲。如果我們並不是為了求取功德而去廣行佈施，那麼長久下來，我們的福報就會越來越多，等我們福報足夠，業障清淨了，自然就能心想事成了。

在我看來，人生最美好的事情就是可以住在山洞裡閉關修行，就像我十幾歲的時候在遼西寺一樣。可能有人看到一個穿著破舊衣服的人在閉關，會覺得這個人有點傻，認為這有什麼意思呢？但這只是他的看法，他的快樂和我的快樂並不一樣。

其實呢，我們每一個人都有自己的計畫，每一個人也都有著自己的責任。我的願望是能做自己想做也喜歡做的事情，有足夠的時間讀書，可以在一個寧靜的地方打坐修行，能夠和有共同語言的朋友一起交流思想。而我的責任，又讓我必須放下自己的計畫和個人願望，放棄曬著太陽打坐或在山洞裡修行的美好念頭，把我的人生和無數眾生連在一起，完成與眾生一起解脫成佛的使命。

看到三年前的今天的計畫，除了有些失落，更多的是想和你們分享這些心情。我們

要珍惜自己的善念，並且努力積累福報去實現這些善念，這樣，真的就可以「心想事成」！

14 生日快樂，死時亦快樂

在漢地，大家很注重過生日，除了給父母、老人，也喜歡給孩子們過生日，大家總是說：「生日快樂！」應該很少聽到有人說：「祝你死時也快樂！」

其實我覺得死時的快樂比生日的快樂重要得多。因為過生日的時候我們已經出生，除了表達對母親的感恩，更多表達對過生日人的祝福。而死亡對我們每個人來說還是未來的事情，能夠死時快樂，幾乎就可以說明終於修得正果，這還不是最大的快樂嗎？

我們都知道，如果修行到一定境界，許多成就者都可以預知死期，能夠安祥往生。這樣的圓寂並不是死亡和終結，而是「往生」淨土，所以，這樣的死是一件幸福的事。

現在大多數人並不愛聽到「死」這個字，覺得不吉利，尤其是我們現在還沒有面臨死亡，這個問題還沒到面前，就更不知道這個事多麼重要。

漢族人很重視吃飯。今天剛吃完飯就會想明天吃什麼，早上吃什麼、中午吃什麼、晚上吃什麼，想得都很複雜。一生當中，大家為了「吃」這個事情想了很多。也一直在想我今年賺了多少錢，明年要賺多少錢。但我們賺了多少錢，吃了多少和吃了什麼樣的東西，在臨死那天，能不能對你有用呢？一點用都沒有！

那個時候，需要的只有什麼呢？如果修了慈悲心和菩提心，那個時候就可以用得上了。修了慈悲心的人，那個時候可以走得很自在。如果我們很喜歡聽薩克斯，也喜歡吃麵包，那大家說「我們去吃麵包吧」，我們心裡很高興，大家說「今天聽薩克斯」，我們心裡也很高興，可是如果有人說「我們今天死」，我們聽了會高興嗎？不會的。而假如我們修好了慈悲心的話，那他們說「今天死」，我們就會像聽到「我們去吃麵包吧」一樣高興。

人們都不喜歡聽到「死亡」兩個字，但如果我們修成了慈悲心和菩提心，就不會有這種心態了。所以，我們修慈悲心和菩提心非常重要，當我們死亡的時候，真正有作用的就是修好了慈悲心和菩提心。

我們每個人都應該認真思考：當死亡真正來到我們面前的時候，我們準備好了嗎？有的老人會說，我早就準備了壽衣，連墓地也準備好了。也有人說，我買了很多份保險。其實這些都不是真正的準備，因為當死亡來臨時，真的能幫到你的是修行多年的資糧，是上師加持你的竅訣，是你對上師三寶的信心，是諸佛菩薩對你的接引——而這些，是要你在多年精進的修行中一點一滴得到的。就彷佛是，你在泥土裡種下學佛的種子，雖然你去灌溉除草的時候，別人和你自己看到的只是泥土，別人也告訴你，你澆水的地方只有泥土，但你心裡知道你種下的是種子，一定會發芽、開花、結果，你用你漫長的修行讓你種下的種子成長，當你離開這個世界的時候，是有信心的，你完全知道自己種出來的這個果實是要去淨土的。

對於別人的誤會偏見，你完全不必當回事，只要你知道你種下的是什麼樣的種子就好！你不必在意別人懂不懂你。你就努力去做！你心裡應該知道，你可以得到成就者的快樂，這是對你最大的回報！

15 世界上最近的距離就是生與死

印度詩人泰戈爾有一首著名的詩《世界上最遙遠的距離》，是這樣的：

世界上最遙遠的距離　不是生與死
而是我站在你面前　你不知道我愛你
世界上最遙遠的距離
不是我站在你面前　你不知道我愛你
而是愛到癡迷　卻不能說我愛你
世界上最遙遠的距離　不是我不能說我愛你
而是想你痛徹心脾　卻只能深埋心底

許多人都喜歡這首詩。而我卻覺得，世界上最近的距離就是生和死，也就是我們常說的生死無常。詩裡令人感動的念念不忘的「愛」，是讓我們流轉、沉溺於輪迴卻無法自拔的折磨，也就是我們常說的貪慾和執著。我們牽念一切美好的東西，尤其是感情，對於我們喜歡的人總是念念不忘。世界上的人，不管是中國人還是外國人，古代人還是現代人，為愛情寫了無數的篇章，表達的就是這個「念念不忘」的愛。這個「愛」，是我們往世積下的緣分，擁有的時候確實值得珍惜，但是，明明知道已經無法再擁有的感情，就要學會放下，也只有放下，才不會為情所傷害。

許多人很癡情，總愛發誓說：為了愛情願意付出生命！

其實，我們世間的愛情就像我們每天不斷演出的戲。在早上的那齣戲裡，你和一個女演員扮演一對夫妻，

而下午的這一齣戲，你繼續扮演著男主角，那個女演員卻已經投入地在演別人家的妻子。當另一個人扮演的「妻子」面對你時，你卻還惦念著早上戲裡的感情，沉溺於其中捨不得放下，這算不算一種錯位？

或許第二天，這個扮演過令你念念不忘的你的「妻子」的演員又扮起了你的仇人或鄰居，連一直看你們演出的觀眾都明白你們所有人在戲臺上只不過是在扮演一個又一個角色而已，而你卻對一個演出裡「愛」你的人苦苦地思念，很可笑也很可憐。

你會不會立刻醒悟：過去的無法自拔是對短暫快樂的執著、貪念？

相較之下，我們更應該知道，我們要認真面對的不是思念——是忘記，而最值得我們思考的問題就是生和死。

生死無常。

16 要讓世界因你更美好

阿底峽尊者說過，我們修持大乘佛法的人一定要注意身口意，觀察自己，不能影響別人，不能做讓別人對佛教產生邪見的事，否則別人有了邪見，造下的惡業全部會由我們自己來背。

有報導說，有些人放生買了很多眼鏡蛇放到公園裡面，很多人罵這些放生的人神經病，太自私。被罵的人無所謂，他們覺得沒事，別人怎麼罵都可以，他們認為：「我的發心是很清淨的，我是在救眾生做功德。別人怎麼罵都無所謂，他們都不學佛，沒有慈悲心。」

但其實不是這樣。

因為我們的無所謂，給這些罵人的或者不學佛的人心裡面種下了一個種子，認為佛教徒都是這樣無知又自私的——為了救眼鏡蛇，就不顧及眼鏡蛇有毒，會傷害許多公園裡的人。由此，人們對這些放生的學佛的人有了意見了，對這些人有意見之後就有可能對佛教也產生了邪見。別人對我們有邪見無所謂，我們都是凡夫人，但是他們對佛教有邪見了，無意間就隔斷了他們學佛向善的心願，那我們就造了很大的一個惡業了，這個惡業重得不得了。

做為學佛之人，我們每個人都要好好想一想這個問題：我們的所作所為別人都看在眼裡，如果我們平和善良，清淨美好，時常幫助別人，那麼沒學佛的人會覺得學佛很好啊！如果我們皈依了佛門，時常拿著佛珠告訴別人我是哪個哪個法師的弟子，是哪個哪個法王的弟子，但是我們的言行舉止卻沒有修養，吃肉、喝酒、發脾氣、打人、罵人，那很多人就會認為佛教徒都是這樣的，我們也就因此給佛教帶來了極其不好的影響。

有一次我去了一個商場，當時我只想著要買雙合適的鞋需要試一試，並沒有考慮到我去商場會有什麼影響。然而，我去了以後，發現很多人在盯著我們看，我立刻感覺非常慚愧，心想不該到這樣的消費場所裡來。因為，對根基成熟的人來講，看到我們出家人買東西也不會太關注，也不會有什麼想法；但是對根基不成熟的人來講，那他可能就會因此有很多想法，甚至還會對佛教產生誤解，如果這樣，那就是我的過失了。

索達吉堪布在講《佛子行》時也提到了，在某地一個商場裡，有幾個和尚在看裝飾品、項鍊、手鐲、戒指等這些東西，有人把他們的照片刊登在報紙上並寫著：現在瘋狂了，和尚都跑到商場買項鍊去了。其實，真實情況也許不是他們想的那樣，這些出家人買飾品可能是供養諸佛菩薩，或者是供養三寶也不一定。但是我們都是凡夫人，腦子經常會往壞的方面去想。

所以佛教徒要注意自己的行為，尤其是活佛、堪布和法師，一定要注意這個問題。我們藏地人去了漢地，我們的一舉一動就代表了藏民。如果不禮貌，人家就會認為藏民都是這樣子；我們出了國，我們就代表了中國人。如果我們隨地吐痰，說話聲音很大，就可能會被認為中國人都是這樣。

所以，我們學佛的人就不能認為自己就僅僅是自己，隨意說話，做事沒有規矩。你代表佛弟子，你就必須時刻關注自己的形象和行為。你要讓人們因為你而覺得，學佛是一件很美好很有意義的事情，讓不學佛的人看到我們的時候很喜歡我們，很喜歡跟我們一起交流和學習，很喜歡跟我們一起修行，一起去幫助別人。

要讓世界因為你而更美好。

17 這些包袱，你背得累不累？

有個老人家跟她的兒媳婦不和，經常和兒媳婦吵架，她很痛苦，就來找我訴說她的難過。她在我面前一直說，我就一直在聽。有時候一說就是兩個小時，說的都是譴責對方這裡不好那裡不好的話。

有一次我問她：「那妳自己有沒有什麼問題呢？」

她就愣住了。

我跟她說：「既然妳那麼痛苦，如果家裡沒有什麼事情做，妳們在一起又會吵架，那不如到寺廟裡來好好修行吧！」

一聽這話，她又說她想照顧兒子和孫子，她放不下家裡。

當然，家庭矛盾大部分是雙方都有問題，年齡大的人有她的問題，兒媳婦也有兒媳婦的問題。我們應該挑自己不圓滿的方面來改變，總是指責別人並沒有什麼意義。

有一個居士，和我見過幾次。每次見面時，她都拿著一張照片。第一次她拿的是兒子的照片，對我說：「上師，你加持一下，我兒子沒找到老婆！」

第二次，她把女兒的照片拿了出來，說：「女兒沒找到老公。」

第三次見面，她又對我說：「上師，你要加持一下，我兒子結婚了還沒生出孫子。」

她永遠想推動兒女的成長和發展，她的心裡只裝有這些；那麼，這些包袱壓得她累不累呢？

我問她時，她說：「我把這個弄好就可以放心了。」可是，到現在她還無法放心，因為兒女們的事情永遠都沒有完的時候。

還有一個老人也是這樣。我告訴他：「需要你拼命幹活的時期已經過了，現在是該你的子女好好勞動的時候。你已經過了二、三十歲年輕力壯的年紀，在你精力最豐富、身體最好的時候你想做的事，不管你做到沒有，都已經過去，現在是你該放下包袱修行的時候。你就不要再去做這些事情，好好地抓緊時間修持佛法吧！」

但是，他總是放不下，所以仍然一直在家幹活，還經常因為某些事情發脾氣罵他的孩子。種青稞的季節，他們家的年輕人都在睡懶覺，反而是年紀大的人都起床出去做事情；因為人手不夠，別人家在田裡幹活的所有人都回來了，他們家只有他還在青稞田裡種田。

這樣的老人並不智慧。在該教育兒女的時候沒有好好教育，該培養兒女的時候沒有好好培養；自己越勤勞，兒女就會越懶惰；自己幹得越多，就會越生氣，還落得兒女埋怨：「我們又沒讓你幹！」

就這樣，家裡的事情，還有兒女的事情，都變成了他的包袱。我們都看到他很辛苦、很累，但是，他背的這些包袱，一直就沒打算放下。

這實際上也是一種貪執：總是認為「我的」孩子生下來以後，我就要養這個小孩；「我的」孩子長大了，我要為他娶一個老婆；「我的」孩子為我又生了一個孫子……這個「我的」就是貪執，雖然是「你的」孩子生的孩子，但那是他的子女，「你的」孩子已經成人，他們會自己照顧自己，太擔心，那你一輩子也擔心不完，因為你的兒子會有孩子，兒子的孩子還會有孩子……這樣沒有盡頭，你到死那天也有擔心不完的事。

色登寺裡有養老院，我看到在這裡的大部分老人都是這樣，牽掛家裡的孩子，擔心他們什麼也做不好。有些人一無所有，反而能夠安心地好好生活和修行。

對於愛煩惱的老人，我都對他們說：「你今後不要去找煩惱，你年紀大了，到寺廟來好好修行，吃的穿的我給你！」

如果在家裡總是和兒女爭吵或者不被尊敬，這個時候我們要關上門，自己在佛堂裡面唸唸阿彌陀佛，唸唸心咒，不要去管這些。這樣去做，比一邊為家裡人操勞家事，一邊委屈怨恨要更好。

世間的每個人都不是圓滿的，如果沒有寬容心，我們在家裡就容易生起嗔恨。這時，不單是對我們的敵人，對親人們我們也生起了嗔恨心，那我們過去千劫所做的善根都被摧毀了；同時，總是生氣對自己的身體也不好，家裡人也一樣處於煩惱之中。

在我們和家人的關係變得互相傷害的時候，我們應該先觀察自己的行為，先從自己改起，也許你的寬容能夠讓對方生起慚愧心而改變一些行為。如果，這些家庭矛盾成為我們的包袱，使我們的身心不愉快而總是處於煩惱之中，那我們就要放下這些包袱；如果我們不在意這些，也就自然沒有煩惱；而如果，我們把精力放在修行上，那很快就能夠在專注的修行中尋找到內心的歸宿和快樂，那時，我們自然也就不會為家人一句說錯的話、一些不尊敬的行為而傷心難過了。

當生活的包袱壓得我們透不過氣的時候，我們要學會放下它們，輕裝前進。

18 最美的愛情是怎樣的？

平常我會遇到很多人來祈請加持。許多女居士會說她的老公對她怎麼不好，而她對老公又是多麼好，說著說著，眼淚就嘩啦嘩啦流了下來。她們被感情折磨得很苦，滿心都是怨恨。不少男居士也會這樣說：上師你要加持我，我老婆怎麼怎麼了……當然大多數男居士會更關注他的工作和事業，希望能夠掙到更多的錢，但也看得出來，感情帶來的痛苦依舊在折磨他。

也有人告訴我說：「我很有福報，我和我的愛人感情非常好，能夠共同培養孩子孝敬老人，同時我們可以一起學佛修行。」聽到這樣的情況，我真的非常隨喜，這很難得，要格外珍惜。

我們有這樣一個人身非常不容易，夫妻兩人相遇也是很多很多年結下的緣分，今世大家能夠在一起是非常難得的機會，如果錯過了，很難碰上第二次，所以，我們彼此要珍惜，這很重要。男師兄對妻子，應該像對自己的孩子一樣；女師兄對自己的丈夫，也應如此。

其實，每一段感情剛剛開始的時候大都是美好的，漸漸地，兩個人在現實生活的擠壓下出現了猜疑、分歧甚至背叛，這是相互的緣分所致，這時，應該要慢慢學會接受，好好調整自己的心態。或者是透過懺悔和修行，來挽救感情和婚姻。但更多人卻由此生起了貪心和嗔心，怨恨對方欺騙了自己或者不像剛開始時那麼愛自己了，很多年都在爭吵中度過，根本沒心思好好生活，更沒辦法修行了。這個不再美好的愛情，帶給雙方的就全是痛苦，那你們需要解脫。

我認為最好的愛情是成全對方。如果你真的很愛對方，很喜歡對方，那你一定是希望對方幸福。愛情從來就是兩個人的事情，但學會去愛，是你

一生的修行。當你的愛不再是為了得到，也超越了交換，那就是純粹的美好的愛了。

很多人都說過「我愛你」，但真正的喜歡應該是：你要你愛的人幸福，你能夠時時刻刻祝福，真心覺得即使不能在一起，只要對方幸福你就很幸福，為此你哪怕付出很多，甚至會有痛苦也覺得值得，這才是最真的愛情。

現在很多夫妻之間，有的人認為自己愛對方愛得更多，而對方現在卻不愛自己了，覺得吃虧……像算帳一樣，必須一分一毫不差才行。要嘛就是像交易，必須自己賺多一些才覺得划算，才覺得心裡平衡。

我覺得這不算是真正的愛情，不管能不能真的在一起，能不能得到對方的身體和感情，你是出於「愛」才去愛，不是為了「得到」才去愛，你該時刻祝福對方。你可以把記憶停留在最美好的那個時期，或者停止回憶過去的一切，只要你心存善念和祝福，你就會一直存在於最好的愛裡面。

對修行人來說，感情的變化其實是我們觀修無常的最好對境。如果把心念轉過來，你不僅不會再沉浸在痛苦怨恨裡，反而會在給對方的真誠祝福裡修行到真正的菩提。

19 做一個歡喜的人

不記得是誰說過，他好懷念以前放牛的日子，沒有誰是誰非，沒有生活壓力，沒有背叛，沒有誰對不起誰，沒有錢多錢少，每天只關心牛還在不在。

我想他這樣說的時候，應該是他已經很累了，他嚮往的是簡單的、沒有煩惱的生活。在當下的社會人群裡，我們想要簡單而沒有煩惱的生活比較難，但是，我們可以給自己的靈魂尋找一個依靠，在我們很累、很迷茫的時候，我們的心還可以安住在寧靜裡。

我們可以努力做一個時時歡喜的人。

每當我們看到別人做一個善行，我們都會說隨喜讚嘆，這很好。我不知道大家有沒有隨喜讚嘆自己的習慣？我們在日常的生活和修行中，對別人有很強的隨喜心，真是一件很好的事情，這證明我們對別人的功德沒有嫉妒，而只有歡喜和佩服。其實我們也可以經常反觀自己和自己的心，我們現在做每一件事的發心是否純淨？我們皈依的心是不是很虔誠？

我想，我們在世間能夠聽聞佛法，開始修行，都是有很大福報的。那我們就應該珍惜我們這樣的人身和我們聞法的機緣。如果我們的身心皈依在我們對上師三寶的信心上，那麼，這個信心可以支撐我們面對一切困難。我們想要修行的信心，也讓我們能解決掉一切困難。那我們在修行過程中，就會變得越來越美好。因為，有佛陀的教言和加持，使我們不會偏離。可能我們之前是一個斤斤計較的、總是嗔恨並且自尋煩惱的人，而現在，我們知道什麼是最重要的事情，也知道應該放下貪執好好努力，我們會用佛陀的珍貴教言來要求自己，會用善知識的傳法來約束自己。

然後，每當我們嚴守戒律的時候，我們就隨喜自己一下；每當我們做了放生、供燈、佈施的功德，我們就隨喜自己一下；尤其是當我們戰勝了自己的嗔恨、貪慾，對治了自己的煩惱，那我們就更要隨喜自己一下。我們慢慢地就會越來越美好，我們帶給身邊人的是滿滿的正能量，我們帶給家庭的是溫暖，帶給同事們的是親和，帶給整個社會的是和諧。

到那個時候，不光是你自己，我們所有的人，都會真心讚嘆你！

卷五 修行到底要修什麼

1 佈施

曾經有個朋友生活裡有了困難，希望能修行菩提心幫助自己積攢福報，我對他說：「你可以去佈施。」

他問：「怎麼佈施呢？」

我說：「比如你拿出五百塊，把它換成零錢。然後你明天去拉薩八角街，那裡有很多需要幫助的窮人，漢族人、藏族人都有，多得不得了。你給每個人一塊錢，佈施給他們，幫助他們。」

這個朋友第二天就去了。他把五百張一塊的錢拿在手裡，並不斷地把一塊錢給他見到的人。因為他不會說漢語，所以遇到漢族人時他就沒辦法，只說：「這個錢是我的。」他的意思是，這錢是我給你的。

碰到藏族人的時候，他就說：「這個錢是我給你的，我家裡現在遇到麻煩的事情，你要知道這錢是我的，我就給你。」他意思是，你要幫我祈禱，幫忙唸唸經，我是為了這個才給你錢的。

朋友告訴我，那天每當他給別人一塊錢就解釋一次。他把錢全部給完就回來找我說：「活佛，我把錢都給完了，而且我交代得清清楚楚的，跟每個人都說了！」

我就問他：「你交代什麼？」

他說：「我把我現在遇到的問題全部告訴他們了！」

這樣的佈施你遇到過嗎？我見到不少人行佈施的時候，是因為自己的財產或生命有了危機，害怕失去這些，希望以佈施的功德迴向來護佑自己。這樣的想法也是可以的，但我們要知道佈施的

真正功德和意義，盡早打消交換的心態。佈施的人，要對所施財物有捨心，希望能夠幫助到別人。

不管是一碗水、一碗飯，還是一盒藥、一句安慰人的話、一個溫暖的微笑，只要是我們懷著慈悲心和恭敬心，把財物分享給別人或是幫助別人的行為，都是佈施。佈施是大乘修行道六度之首，我們經常能做到的是把自己的衣服、食物送給飢寒中的人，安慰幫助內心有恐懼的人們，這些是財佈施和無畏佈施。其實，我們以清淨心向別人宣說佛陀正法，能夠讓聽聞的人得到法樂，也是很了不起的佈施。這樣的法佈施並不是只有出家人和上師們才可以做的。

重要的是我們行佈施的時候，要真正從內心裡願意把我們的錢財，乃至我們最寶貴的生命佈施給一切眾生，從物質和精神上幫助他們。

有人說我自己還很窮困，我想佈施，卻沒有錢和東西可以施啊！

其實這更在於我們的心。

財佈施也好，法佈施、無畏佈施也好，全在於我們的心念。有很多食物財寶當然很好，實在沒有，我們也可以行佈施。比如心存善念，和顏悅色地對待別人，不以惡眼看人，對所有人都常懷恭敬謙遜之心。甚至我們把自己的住所、床位、座位讓給別人，也是佈施。做所有的一切，關鍵要講清淨心和慈悲心，不求回報，只想著幫助別人。

所以，佈施要有一定的智慧。

我們許多師兄也有佈施心，但還沒有生起智慧的、無偽的慈悲心。比如我們見到一個乞丐，覺得他很可憐就給他一點東西吃。但有些人覺得這個乞丐可能是個騙子，或者覺得對方沒禮貌，給他東西也不說謝謝，所以佈施給乞丐之後又有埋怨心。我們不能這樣想，哪怕是一毛錢，我們也給他，不管他有錢也好，沒有錢也好，我們要發純淨的心：我不為回報，看到他可憐在這裡乞討，我就給他，希望他能早些不愁溫飽。

我們從小事開始去練，從小的東西開始去捨，然後慢慢訓練熟了以後，大的東西我們就能大大方方佈施了，一開始就把值錢的、心愛的東西捨給別人，可能許多人會覺得有點困難！

我看到許多人都願意幫助弱小，比如貧困的人、可憐的小動物等，我很隨喜他們。利益他人，也是在利益自己，因為我們在佈施的過程中，已經漸漸放下了不捨的執念，已經擁有了快樂，能感受到慈悲的力量了。

2 慈悲不是擠眼淚

大家都知道要生起慈悲，上師也說：「現在我們要生起慈悲，就算生不起慈悲心的話，你也盡量去想想眾生的痛苦，哪怕是造作的慈悲心也必須要生起。」

上師這麼說，弟子就坐在佛堂裡，然後努力地想，看看自己能不能哭出來，如果不行就再用力去想，再用力地哭。

有個女師兄說：「我觀想時，會想大家的病苦，再想想能不能把眼淚流出來，之後就一直在哭！」最後她說她實在是哭不出來了。

雖然我沒看到她當時的情況，但是我以自己的感覺去判斷，這個女師兄應該是從地獄開始想啊想，看自己能不能生起慈悲，生起慈悲以後能不能哭出來，然後用力在那哭啊哭，最後就想也想不出來、哭也哭不出來了。

這樣硬擠眼淚的慈悲是造作的慈悲，就像牆上的草一樣，它是不定的、左右擺動的。就好比我們看到一個可憐眾生的時候也生起了慈悲，但當這個眾生需要你把自己的右眼給他時，那你剛生起的慈悲可能立刻就降下來了。

為什麼呢？因為這種慈悲不穩固，也是造作性的。

證悟空性的慈悲是什麼呢？它越來越高、越來越深，是不會動搖的，所以佛陀可以捨身飼虎。這個慈悲是自然的慈悲，空性和慈悲結合在一起的時候，就是證悟空性，可以度化無量的眾生。

色登寺第十三世活佛曾經說：「我沒有什麼神通。但我有一個優點——我知道我的缺點是什麼。」

大家試試坐在佛堂裡面，先不要唸課誦，不要祈禱，先找一下自己的缺點

在哪裡，看能不能找出來。也許能找出來很多很多，也許一點也找不出來，覺得自己很圓滿，像皮球一樣圓圓的，一個缺點都沒有。

如果我們一個問題都沒有找出來的話，要嘛就是這個人已經和佛一樣了，要嘛就是這個人的修行很差，對自己很不瞭解，心相續還充滿了傲慢，也充滿了貪、嗔、癡，所以根本觀察不出來自己的缺點。

如果找出來很多問題，那麼又可能產生一種情況，就是過度擔心，想法變多了，顧慮多了。比如說我今天唸經的時候，我的發音準不準啊?有些人說：「我原來唸的是阿彌陀佛，現在唸觀音菩薩的話，那阿彌陀佛會不會生氣啊?覺得對不起阿彌陀佛了。」

有這種擔心就是太執著了，這個擔心是多餘的，沒必要的。如果我們能夠觀察到自己的缺點，能夠對治我們的貪、嗔、癡、慢，也許我們並沒有流眼淚，但是我們已經生起真正的慈悲心了。

3 道場之外也是道場

我有一個朋友，他說他在佛堂唸經修行期間，吃什麼都可以，哪怕當天只吃一碗稀飯也沒問題；只要感覺不冷，穿什麼衣服都可以；見到什麼人，無論這個人說了什麼難聽話，他都可以忍得了，也能很低低聲恭敬地對待。但是，只要從佛堂出來，他就總能看到別人身上的很多缺點，非常看不慣；在公司上班時，總忍不住去計較很多小事情；看到桌子上有肉的時候，他就忍不住去吃；出門以後，見到各種人就開始生起貪心、嗔恨心。

他很苦惱地說：「我在道場裡，可以把心調伏在一種寧靜的狀態裡，可是，一回到生活和工作中，我就忍不住發脾氣，爭強好勝。唉！這個五濁惡世，眾生的惡習太重，對我影響太大了。」

我們很多人都這樣，總是從身外找原因，覺得是自己受到了別人的影響。其實，真正的修行人在道場裡是怎樣的，在道場之外也一定是怎樣的，絕不會被其他人所「燻

習」，還沒來得及去度眾生，就已經被所謂有習氣的眾生先「度」了。

漢地顯宗很多出家人和居士，一見面就會合掌說「阿彌陀佛！」我們唸「阿彌陀佛」時就有了唸阿彌陀佛名號的功德，而且在結這個緣的同時得到阿彌陀佛的加持，彼此互結善緣。當我們唸「阿彌陀佛」的時候，應該把這個眾生也觀想成阿彌陀佛。我們能夠做到這樣的話，道場內供養的是阿彌陀佛，出了道場見到的所有人也都是阿彌陀佛，那我們就不會再生起貪心和嗔恨心。如果我們能夠做到這樣，就真的是做了一件很好、很圓滿的事情。

真正的修行，就是在日常生活中，讓我們的心一直像在道場裡一樣精進。我們從現在開始，恭敬對待所有人，所有眾生。就這樣慢慢練習，可能時間久了以後，我們就可以做得到：觀想一切眾生都是阿彌陀佛，我們的身心都是阿彌陀佛。

如果修行沒有入心，還只是在表面形式上，那我們在道場也許可以做到忍辱精進，等走出道場就肯定做不到了。

所以我覺得，道場之外也是道場，不要離開了法會，離開了唸佛堂，我們就覺得今天的修行已經結束，可以輕鬆地想說什麼就說什麼，想做什麼就做什麼，沒有了敬畏心。

如果你在繁雜的人群裡，還能夠做到對待身邊的每一個人和動物都恭敬；你在單位有切身利益衝突的時候，還能夠做到禮讓同事；你在擁擠的公共汽車或地鐵裡，還能夠把座位禮讓給需要的人，這樣才是真正的修行。甚至這樣的修行，比在道場裡打坐、思維、專修慈悲心更有價值。

修行並不只是我們的身體在道場，離開了道場就停止下來。如果能夠用佛法的智慧來讓我們在工作和生活中得到快樂，能夠讓我們在日常最細小的事情裡面關照自己的心和行為，那我們就是一直在精進。

這樣的修行方法，對具備智慧和信心的人來說，是十分珍貴的。

4 佛珠

我經常看到許多人戴著佛珠，有藏人，也有漢人，但戴佛珠的不一定都是學佛的人。很多人戴佛珠也不是為了唸經唸佛。

我見過有的人手上拿著佛珠，袋子裡還有別的佛珠，一串佛珠用完了還有一串佛珠，但是拿著佛珠唸經的特別少。很多人是拿著佛珠在自己手裡搓，努力把佛珠搓亮。我真覺得應該把搓佛珠的時間用來好好地聞、思、修。

我上次遇到一個師兄，他和我說話的時候一直在摸著佛珠，但他嘴裡什麼都沒唸。

我說：「你摸著佛珠和我說話，沒唸心咒啊？」

他說：「我沒有唸心咒，我在盤佛珠，養這個珠子。」

我說：「怎麼養呢？」

他說：「我每天不停地摸它，摸到最後它就會亮，亮了以後就很漂亮。這珠子是很名貴的紅木，我在盤佛珠。」

我覺得太可惜了！太浪費時間了！

現在確實有很多精美的佛珠，金的、天珠的、珊瑚的、紅木的……我見過有幾個師兄戴著黃金的佛珠，還有人用金子去做計數珠。我覺得這樣的話，佛珠慢慢就變成了一種裝飾。我們修行本來就是要修平等無分別的心，但我們連佛珠也盡可能用珍貴的材料，把修行計數的佛珠也變成了區分有錢人和沒錢人的東西，是多大的誤區啊！

其實，佛珠是什麼呢？是為了記數，可以在我們做功課時記下我們唸

佛號唸經的數字，也有人是為了讓心念專一，不出神、不打妄想，用撥珠子來攝心。我們把佛珠拿到手裡的時候，自然而然就想唸經，所以我們隨手帶著佛珠。

可是我們現在的許多人把佛珠當作裝飾。我想拿到佛珠以後應該要用它多唸經，要不然我們拿著佛珠只是搓，搓著搓著就把時間搓沒了，那還不如沒有這個佛珠。

尤其是我們有很多佛珠，這也是一種貪執。我們應盡量減少佛珠的數量，用一串佛珠，好好唸經，這樣才能斷除執著。很多人的包裡面除了有很多佛珠，還有很多加持品。有許多加持品是很好很殊勝，但是我想說，還是盡量少一點，擁有的東西太多了，牽掛就會多，我們應該多想想，要這些的目的是什麼。

以前我們寺廟有個喇嘛，在他圓寂的三年前，他已經把他所有的衣服佈施給其他僧人，有些寄到了其他寺廟。

他的親戚說：「你為什麼不穿這個呢？你全部都供養給寺廟，以後你冷的時候怎麼辦？」

他說：「我冷無所謂。但是我看到我有那麼多東西，就很擔心我走的那一天，如果記著這個、放不下那個，那對我來講會是最大的傷害，是最可惜最可怕的事！」

所以，現在很多學佛的老菩薩們，加持品盡量少一點，否則既浪費自己的錢，又多了一些記掛，而且，擁有那麼多東西也沒必要。

我們最好只擁有真正需要的東西，比如說供曼紮的時候需要曼紮盤，做施食煙供的時候需要香爐，我們修皈依的時候需要皈依境佛像，這些有了就可以了，不必要有很多加持品、各式各樣的佛珠。

我們可以從這些方面盡量斷除貪心和執著。

5 父母就是我們的佛

小的時候，我們的世界裡只有父母。父母給了我們生命，給了我們一個家，還給我們吃的、喝的和穿的，他們寧可自己累著、餓著，也要想盡辦法來對我們好。相信每個人回憶起自己小的時候，都會有許多父母疼愛自己的溫暖畫面。那個時候，我們每個人也都是很愛父母的。

漸漸地，我們長大了，有了自己的思想，有了自己的家，同時也有了很多的壓力。我們需要應對很多事情，然而對於最親近的父母，就覺得沒有必要去客氣，去偽裝，對他們說話就很隨意，甚至有時都顧不了禮貌了。

小時候，我們覺得父母無所不知，無所不能，我們想要什麼父母都可以給我們，但是現在，我們卻覺得父母懂的東西太少了。我們所景仰崇拜的人，帶給我們的震撼越來越多，而父母卻似乎越來越無知，可是他們偏偏還要用自己的經驗提醒我們應該這樣、不應該那樣，這些都是使我們對父母不恭敬的原因。

有一種父母，他們年紀大了就愛囉唆了，很多事情都想去關心，甚至我們自己成家以後的各種事情他們也想參與。我們大多都不喜歡這樣，孩子們覺得父母很煩，甚至有不恭敬和罵父母的情況。但很多父母年老以後，就會有種永遠放心不下兒女的心態，這在我們看來就是干涉「內政」。但是我們愛父母，就不應該抵觸他們。我們要理解他們，應該用慈悲心來對待他們的嘮叨，我們要修忍辱心，好好孝順他們，不應該不恭敬。

還有一種父母恰恰相反，他們年齡大了以後反而放下很多東西。他們說：「我該做事的時候，已經完成了很多事，也把孩子們撫養大了，現在到了我退休歇歇的時候了。我現在應該放下這些，子女有他們的福報，他們做自己的事情，我們不要管。」

有這樣想法的老人是有智慧的。

我們無論在生活與工作中遇到什麼樣的困難，心情多麼不好，一定不要把脾氣發給父母，因為老人受了這些委屈，要嘛就會發洩出來和你吵，要嘛就憋在心裡，那有多可憐！你怎麼忍心讓真正疼愛你的父母受這樣的氣呢？

我們要珍惜父母在世的這段時間，因為最終，我們都要和父母親永遠分離。他們能夠在這一世做我們的父母，並且給了我們生命和疼愛，無論如何，我們都要努力從內心去感恩，從行為上去報恩。

我們對佛菩薩和上師都有恭敬心，對父母也應該像對上師和佛菩薩一樣去恭敬，發自內心去供養，時刻認為父母就是我們的佛！

不管我們的心情怎樣，也不管父母的態度怎樣，我們都要高高興興地面對他們，讓父母見到我們時都有一個好心情。就算是父母責罵了我們、說錯了我們、冤枉了我們，我們也要欣然地接受。對於世間和我們沒有多少關係的外人，我們都能做到修忍辱，出於禮貌和修養不去計較，更何況是給了我們生命的父母呢？

我的母親離開我已經二十多年了，我經常會想念她，也常把修行的善根迴向給她，但我再也得不到母親給我的慈愛和關心了，想讓她再訓斥我一次也不可能了。這樣想，父母還活在世上，我們每天能見到父母，是不是一種很大的幸福呢？

如果供養父母，像對待上師和佛菩薩一樣發自內心地恭敬，沒有一絲雜念和嗔恨的話，那就是一種非常好的修行，我首先要隨喜讚嘆你！

6 供養

單堅護法是藏傳佛教寧瑪巴三大護法裡很有加持力的智慧護法。有一個公案講到，一個僧人堅持供奉單堅護法，修得很精進，已經到了隨時可以和單堅護法交流的境界。那個出家人非常窮，有一次他對單堅護法說：「我想求點財，你給我一點悉地吧。」

單堅護法說：「好。」

第二天，這個出家人出去化緣，但是什麼東西都沒有化緣到。他走到一個地方，很多人在那裡吃麵，他也跑去吃麵塊。大家一起吃時，別人碗裡的肉很少，而他的碗裡有很大的一塊油脂。

他回來以後問單堅護法：「你說今天給我一個悉地，但我什麼都沒得到，你的悉地在哪裡？」

單堅護法說：「大家都沒得到肉，但我給你那麼大一塊油脂，這就是我的悉地。」

所以我們在供養三寶的時候，發心一定要清淨。供養可以對治我們的貪心和吝嗇

心，更是為自己累積福報資糧的最好方法。我們不管是在寺院的佛像前做供養，還是對著家中佛堂的佛像做供養，都和在佛陀面前做供養是一樣的，都有很大的功德。

供養是我們修福報很好的方法，但是一定不要有交易的心態。我見過有人供養了一百塊錢後對上師說：「上師，你要加持一下我的家裡人都健康！你要加持一下我的孩子考上好大學，你要加持一下我的生意越做越大！」他們把供養看成是做買賣，擺了一個條件在這裡。有些人在佛面前也是這樣的。燒了香以後在佛前非常虔誠地祈禱，全都是要求佛陀要做到的具體內容，有時候比領導給下屬安排的任務還要多。

我也遇到過這樣的人，他說：「我給寺廟五百塊錢做了一次火供，現在事情還沒有效果，怎麼回事啊？你們要把我的錢退回來。」

供養三寶發心要純淨，供品也要潔淨。有的人把陳腐的酥油用來供燈，有人把自己不要的陳舊衣服和變質食品用來供養，這樣不僅沒有功德，還會有過失。

很多人都對自己的上師說：「我願意把我的身口意都供養給您！」

這樣的發心已經非常大，也非常好，我很隨喜！但是上師真正安排一些修行功課給他們，或者是讓他們做一些事情的時候，他們就會覺得很苦很累，不去完成，原來他們的「身口意供養」只是在發心的時候說一說而已。

其實上師不要你身上的胳膊和腿，上師真正需要的是你好好精進地修行，如理如法地聞思修，真正地依教奉行。我們每個修行人把上師交辦的事情認真做好、善始善終，努力在修行上有所進步，這才是對上師最好的供養。

佛陀來到娑婆世界度化眾生，並不是為了讓我們供養回報，完全是出於佛性本身所具有的大悲。而對佛陀最好的供養，就是修習佛法。

7 管好你的脾氣

人的脾氣是越慣越大的，相信愛發脾氣的人會同意我的這句話。

一次，有位師兄到我面前來，說：「上師，那個師兄和我產生了衝突，這個結打不開，我看到他就來脾氣，怎麼辦？」

我就問他是怎麼回事。

他說：「有一次在放生的時候，我手裡拿了一個盆子，盆子裡裝了一條魚，我正準備要把這條魚放出去的時候，那個師兄突然跑過來，把魚從我手裡搶走放掉了。從那時候開始，我看到這個師兄就非常討厭，我不喜歡他！」

我問他除了這件事以外，還有沒有其他的衝突？

他說沒有，但自那以後他們兩個就不交往了。

我說，這麼小的一件事，你沒有必要那麼在意，更沒必要嗔恨那麼久，他又不是把這條魚搶去殺掉。你們都在發心做放生的善事，本來應該互相隨喜的，結果因為自己的脾氣沒有管好，才鬧得大家一直都不開心。

最後，還是和這個師兄說通了。

我們在這些小的地方一定要注意，沒必要由著自己去生嗔恨。而且，即便他故意，也要忍住自己的脾氣，因為這也是我們修行的一種對境。

修改我們的脾氣，可以從許多細節慢慢去練。比如我們開車的時候，旁邊有一輛車子一下就搶到我們的道上，擋了我們的路還差點造成意外，我們心裡就很生氣。我以前也說過，塞車是我們修忍辱最好的時候，為什麼呢？本來一塞車，人心裡就很煩躁，動不動就愛發脾氣，又有很多的車子去超車或者搶道，我們就更容易上火生氣，這個時候，

恰恰就是我們修行的對境，我們要盡量平穩情緒，正好利用這個機會好好修忍辱。以後慢慢地，我們就比較容易做到面對逆境時，還能保持心平氣和了。

又例如今天我們在這裡學習，結束了以後出去，你碰到一個不學佛的人問你去了哪裡，你告訴他今天學習佛法去了。結果他說學佛有什麼意思啊，你們真迷信，真好笑！聽到這樣的話你馬上就不高興了。其實那個時候，你應該怎麼想呢？我們要用慈悲心來對待，然後默默地幫他懺悔，迴向給他，這樣就很圓滿。

如果認為忍耐是沒本事的表現，那是你還沒有認識到放縱自己的脾氣會有多可怕。你如果明明知道發脾氣不好，但就是改不了，這也是因為你從內心裡沒有真的打算改，你還沒認識到發脾氣就是貪、嗔、癡、慢，這都是會妨礙我們修行的最大敵人。

有的人脾氣生來就很好，但更多的人是在修行中慢慢調柔自己的心和性格的。如果能夠降伏自己的心和脾氣，那你就已經是很了不起的修行者了。

8 喝杯咖啡提提神

索達吉堪布說他第一次到佛學院的時候，晚上看書沒有蠟燭，也沒有燈，他就出去借月光看書。他多麼精進啊！再看看我們，可以舒服地躺在床上，有那麼亮的燈，可是卻有很多人不願意看書。

以前在學習藏文時，我有一個同學非常用功。我經常看到他讀書睏得想睡覺的時候，就使勁掐自己，好讓自己打起精神繼續學習。同學們都很讚嘆他，並且以他做為學習的榜樣。

前幾天，有個師兄問我說，在沙發上或者佛堂裡面唸經的時候坐不住，能不能躺在床上唸？

躺在床上唸經肯定是不行的，這樣做對佛法很不恭敬。比如，兩人交談，你沒病沒傷，卻躺到床上或是半靠著和別人說話，這樣做肯定很不禮貌。我們唸經也是一樣的，不用說功德、發心和加持，就從尊重的角度來講，躺在床上唸經也是不恭敬的行為。

說起精進，我們應該反觀自己：我們現在條件這麼好，但是，我們在修持、看佛經、唸經和修五加行等聞思修上，卻覺得那麼困難！過去的高僧大德和上師們在各種艱苦的條件下依然精進地修持，而我們很多人，為了生活，為了享受，為了貪、嗔、癡、慢，甚至為了打麻將、看網劇這些事情，都可以通宵熬夜，不睡覺不吃飯，我們不應該感到慚愧嗎？

有些人說：「我為了工作，晚上睏的時候就喝幾杯咖啡，很快就變得有精神了。」我認識一個人，他買了好多咖啡，就是為了工作的時候能夠喝上幾杯，提提神。

我們有沒有因為聞思修時怕睡著而喝過咖啡？

我們大多會想：「磕頭太累了！我先睡一下吧！」也有人這樣想：「沒事，我睏了，先睡一下。我比大多數人精進多了！現在精神不好，唸經也沒意義了！」

我們不太會為了修行佛法而去喝咖啡提神，不太會想辦法把精力最充沛的時間用來修行，而為了世間法和貪、嗔、癡、慢，我們卻有精神得很！我認識的有些人是不學佛的，但我覺得他們總是很有精神。我想，如果他們把這樣充沛的精力全部用來修行的話，那他們肯定成佛了。為什麼呢？因為他們可以幾天幾夜不睡覺而去吃喝玩樂。

有一個人，我見到他的時候，他已經三天沒有睡覺。

我問：「你做什麼呢？」他說和幾個朋友一起喝酒吃飯去了等等。

我說：「你不睏嗎？」

他說：「到中午的時候瞇一下就可以了。」他確實精神好得很。

有一個師兄跟我說：「晚上不睡覺，第二天觀想的時候，佛就觀想不清楚了，迷糊了；我一觀想就開始進入睡覺的狀態裡面去了；有時候，皈依境裡面有好幾個蓮師出來了。我想，這是不是佛菩薩的加持？」

我說：「你這個加持的來源是什麼樣的？」

他說：「我通常晚上睡得比較晚，要嘛就是很早起床。沒有睡好的時候，就會迷迷糊糊的，一觀想皈依境就有點想睡覺的感覺，然後就有好幾個蓮師出來了。」

我說：「這不是加持，這是你想睡覺了！」

人們把時間花在自己覺得有意義的事情上時，再苦再累也都覺得值得；如果覺得修行不過只是生活的點綴，就難免只會把工作、娛樂之外的時間用來修行。也有些人認為，已經花了時間修行，也沒見立刻有回報，覺得修行本身是個長期的事情，生活那麼多壓力，肯定得要先顧著眼前的。

修行就像種花，從播種到開花，從開花到結果，這需要幾年甚至幾十年的時間，這當然比不上眼、耳、鼻、舌、身、意感受到快樂的時間那麼快，那麼直接。我們的精力和時間都是有限的，當忙完了認為的重要事情後，還有多少時間可以聞思修呢？我們已經意識到了苦和無常，還把修行放在無足輕重的位置上，真的非常可惜！

我想問你，這一生中你在聊天、喝酒、打麻將、逛商場時花費的大量時間和金錢，得到的歡樂現在還想得起來嗎？還感受得到嗎？那些快樂有多少可以利益到你呢？而你潛心修行佛法，你累積的對人生、對世界、對因果、對生命、對慈悲、對智慧的瞭解，是不是讓你安心，讓你有了方向呢？透過精進修行，你自己也能感知你自己的福報資糧正逐步累積，你離幸福很近，離淨土也很近！我們只有俱足精進以後，才有解脫的希望。

所以，我們應該把最好的時間和最好的體力，留給心靈的修養，這才是智慧的人生。這樣我們所過的每一天，才是真正有價值的。

9 活佛也是要修行的

小活佛只有「活佛」的名字，要修行到一定的境界之後，才可以接受頂禮、供養和收弟子。小活佛需要培養，要不斷學習和修行，在學佛的次第上，和所有小喇嘛是一樣的。

許多人認為活佛的神通很了不起。其實，我想告訴大家：活佛也需要修行，不是一出生就很圓滿的。我們修行的心態是覺得自己業障深重，什麼都不懂，越修越覺得自己很差，有這種心態才能進步。

有人會說，既然你是色登寺的活佛，你在寺廟裡自己修行就好了，為什麼還要寫書？為什麼還要到漢地講法？

如果我是一個普通的人，別人知不知道我並沒有什麼關係；但是，我有具德上師傳給我的殊勝妙法，可以去救度更多的眾生。我懷揣著妙藥，卻只能眼睜睜地看著眾生痛苦煩惱，因為別人不知道我，我也就沒有機會把妙藥傳給他們，這樣非常可惜。所以，我覺得我要把色登寺的法脈結緣給這些眾生，為此我願意放棄我最喜歡的靜修，走出色登寺，跟大家結緣，給大家傳法。

很多人認為，活佛一生下來就什麼都有，就是佛，什麼都具備。其實，我現在也還是個凡夫人，也有過貪心和嗔心，有各種的違緣和障礙，也在努力修行；在困難面前依然要祈禱上師三寶的加持，但是，我透過修行來觀察並降伏內心。

小活佛生下來以後雖然是活佛，但是就跟還沒有裝藏的佛像一樣，需要請一個具德上師來裝藏，裝藏好了以後再加持、開光，然後請到佛堂裡面才有加持力，才能成為大家禮拜的殊勝對境。小活佛的修行和訓練，都是「裝藏」、「開光」及被加持的過程，最後修到了一定的境界才是真正的活佛，才有加持力和幫助眾生解脫的力量。如果，小活佛生下來以後，什麼都不學不修，就這樣待著的話，只能有一個「活佛」的名號，他沒有修行過，是沒用的。所以，漢地很多人認為「活佛生下來就是活佛，就什麼都不用修了」，這樣的理解完全是錯誤的。

其實，做為修行者，無論是一個活佛，還是一個堪布，或者是一個喇嘛，大家的發心都不一樣：有人想要蓋好經堂和佛學院，讓喇嘛們和附近的老百姓學佛條件都很圓滿，那他自己就很圓滿；有人想把自己學的東西傳給更多的弟子，讓佛的法脈不斷傳承，讓眾生得到究竟的解脫，覺得這樣很圓滿；也有人認為自己在山洞裡靜修，吃不吃飯沒關係，穿不穿衣服也沒關係，一切都無所謂，如果到最後能夠預知時至，虹身成就，這就是最大的圓滿。

一切的發心都值得隨喜讚嘆，而我的目標是把我所知道的經、律、論傳給世界上所有的有緣眾生，讓大家見、聞即得解脫。所以經堂是要蓋的，佛學院是要建的，唸佛養老院也是要修的，佛法更是要廣傳的。雖然這些事在十幾年前，別人都覺得不太可能；但是，現在都已經慢慢實現了！我覺得現在更重要的是：無論是學習顯宗，還是密宗，希望大家都能瞭解大圓滿的精神，能夠傳承大圓滿的精神是最大的福報！

10 沒事洗洗心

法王如意寶在世時，每當修金剛薩埵的時候，他都會在大家面前說：「我是罪業最嚴重、最深重的人，我要懺悔。」每次在法會期間或者講課時，法王如意寶都要懺悔一次。

像我們的上師仁波切，他每次在傳法、灌頂或者做開示的時候，都會唸百字明，連在幫別人做加持時，也會唸百字明。上師仁波切經常說：「我們從無始以來到現在造了不少罪業，我們要好好懺悔！」

像他們那麼偉大的成就者都要懺悔，我們這些罪苦凡夫就更加需要懺悔了。

很多人早上起床以後，就開始花時間刷牙、洗臉、照鏡子。頭髮要左弄右弄，衣服也不斷換來換去，因為想要穿得漂亮一點。然後反覆在鏡子前左看右看，哪裡搭配不對就要重新穿。我們很多人都有講衛生的習慣，隨時隨地都想保持乾乾淨淨，如果臉上有一個髒東西或者灰塵，就覺得難以忍受。夏天天氣很熱的時候，會出很多汗，覺得很臭就趕緊去洗澡。或者手上沾有泥巴，馬上就去洗手。但很少有人想過，其實最髒的，並不是手上的泥和身上的汗。

我們無始以來到現在造了很多的罪業，我們的內心才是最需要好好清洗的。尤其是學佛的人，也已經懂得因果、深信因果，過去造了多少罪業，內心是否乾淨，自己應該清楚。

許多居士每次到上師面前總是痛哭流涕地說：「上師，您要加持我，我的業障很深重，請您好好地加持一下，我要懺悔！我知道這個因果，我知道這個是罪業，但我沒有辦法，我把小孩打掉了！我還犯了邪淫！上師，我要懺悔，請您一定要加持我！」

我們這樣去懺悔罪業是很好的，但如果妳早就知道這個是罪業，為什麼還要去犯這些錯誤呢？

我曾經見過一個女師兄，每次見面的時候她都要懺悔，每次懺悔都有新的內容。

比如今年她說：「上師，我要懺悔，我對這個師兄生起嗔恨心了。」

第二次見面，她又說：「請求上師加持，我對這個上師生起邪見了。」

到了第三次見面的時候，她說：「上師你要加持我，我又做了貪、嗔、癡、慢的壞事情。」

金剛薩埵的修法裡面，最重要的是對過去所造的罪業生起後悔心，然後真誠懺悔，懺悔之後要發誓：「我從此不再造這樣的罪業了。」這樣才是真正的懺悔。如果今天懺悔一次後悔一次，明天又造新的罪業，或者每次懺悔以後，還是去犯同樣的錯誤，那還能懺悔清淨嗎？

我們必須相信因果、深信因果。我們知道自己過去造了那麼多罪業，現在就要好好懺悔。要常常清洗我們的心，往世的塵垢要洗除，

這一世的貪心、邪見、嗔恨都要時常去觀察，去清洗掉。

我們經常讚嘆大成就者和真正的修行人，其實上師們的清淨，同樣是時常觀察自己、時常懺悔的結果。我們修行過程中的積資淨障，就是要常常洗自己的心，斷惡修善。

11 牧童的發心

藏地有許多放牛的牧童，漢地的鄉下應該也有這樣的孩子。他們早上起床以後，會把牛帶到有草和水的地方放牧。牧童想：這些牛是我在看著，那麼哪裡有好的水和草，我就要把牛帶到哪裡去。我吃不到飯也無所謂，只要牛吃好喝好就可以了。

很多放牛的孩子都有這種想法。而且，牧童總是要走在牛群最後面，因為，如果他走在前面的話，就看不到身後的情況，隨時會丟掉他的牛。

我們修行人應該怎樣發心呢？有三種發心。第一種是國王的發心，第二種是船長的發心，第三種是牧童的發心。

國王想，我現在要學習佛法，我要成佛；我成佛以後要去度大家。他覺得要先當國王，然後去幫助老百姓，這叫國王的發心；客人坐在船上，船長也在船上，大家一起走。那船長就發心：我要成佛，同時眾生也要一起成佛，我們一起去彼岸。所以這叫船長般的發心；最高的發心是什麼呢？就是牧童般的發心。牧童沒有為自己考慮，想的和做的全是幫助牛群。

漢地盡人皆知的大願地藏王菩薩就發過大願：「地獄不空誓不成佛！」——只要可以救助眾生，那我以後繼續流轉六道也可以，我要讓其他眾生先成佛！這種「眾生不成佛我就不成佛」的精神，是所有佛教徒應該有的發心。

但假若只是每天唸一唸發心文，那是一點點力量也沒有的。我們平時在工作的時候，如果從早上到了中午幹了許多活，卻還沒有喝水吃飯，又渴又餓，天氣還很熱，這時旁邊桌面上放了一碗水和一份食物，有誰會想到：這麼多人，只有一碗水，只有一份食物，那我不吃了，讓大家去吃吧！

然後，我們餓著肚子回家。路很遠，我們走得很累的時候，有輛只能搭載兩三個人的汽車停在路邊，而我們一共有二十多個人，這時你能不能想到讓身體比較弱、年紀比較大的人坐車先走，自己繼續堅持走回去？

這是很難做到的。我們可以在短程旅途中給老人讓座位，卻難以做到在行駛十幾個小時的長途火車上把座位讓給別人。在更長的旅途中，甚至還有可能會去搶唯一的一個座位吧！如果做不到，那就說明我們沒有做到真正的發心。唸經時可以隨隨便便發大

願：只要眾生成佛，我不成佛也無所謂，為了幫助眾生，我要努力修行。這是多麼好的發願啊！但是在面對一碗水、一個座位的時候，真心就被試驗出來了，我們是不是應該感到慚愧？

其實，只要我們能夠真正地發心，不管你想發起國王式的菩提心、船長式的菩提心，還是牧童式的菩提心，都是已經有了自度度人的發心了，是值得我們隨喜讚嘆的！因為，你在實行佛陀的精神！

12 你的敵人是誰？

噶當派的成就者奔公甲格西在出家之前，家裡有多得不得了的武器，當然，他的敵人也多得不得了。後來他出家了，之後他的內心起了變化，生起了慈悲，他的敵人也就沒有了，武器也沒有了。

很多時候我們會覺得：我沒有找別人麻煩，也沒有做什麼壞事，為什麼那些人總是給我帶來很多麻煩？一定是因為他恨我！

因此，我們就覺得這個人是我的敵人，那個人也是我的敵人，我要想辦法把這些敵人全部滅掉！我們有這種想法，然後就往這個方面去追求，可是你一輩子達不到這個目標，你降伏的只是一部分，你內心的敵人永遠在傷害著你。

實際上是你自己有問題。首先，我們要找出自己的問題在哪裡，然後再解決。如果你身上沒有問題，別人還來找你麻煩，那是不可能的。所以我們要調整自己的心態，以慈心和悲心來對待自己的嗔恨心。只有用正知正見和慈悲心、菩提心來對治，熄滅嗔恨心，才可以降伏得了這個敵人。光腳走在充滿荊棘的大地上會讓人很痛苦，能不能用氈子把大地全部蓋起來呢？不可能的。我們可以買一雙鞋來穿，這樣的話問題就解決了。光腳走在充滿荊棘的大地上代表輪迴的痛苦，穿上鞋子代表如法降伏自心。

我們都遇到過這樣的問題，比如說十年前的一些事情現在還記著，心裡很難受，一直很生氣，想著怎樣報仇。同時也有一些自己不喜歡的人，看到他心裡就很難受，不想看到他，就是想想對方也會生氣，只盼著把對手滅掉，而對方可能完全不知道，或者根本沒在意。

所以，我們的敵人往往不是外面的人，更多是我們內在的煩惱、嗔恨、不滿足和不原諒。如果我們把心量打開，再細想想，許多一直使勁計較的事情完全就不值得去考慮了。

《金剛經》裡有一句「……云何降伏其心」，其實這是我們修行中要時時刻刻牢記的。我們心裡生起的無數的煩惱和嗔恨，如果沒有智慧的慈悲心來對治，只是靠強忍耐來壓制，暫時似乎還可以，但真正的敵人還一直生存在我們的心裡，隨時可以衝出來傷害我們。就像我們生活中遇到許多高大強硬的對手，靠體力打架解決不了問題，也無法取勝，那我們就需要靠智慧的勸說來化解。

確實，只要我們用慈悲心來調伏自己的心，一切都不會傷害到我們。同樣的，我們生起了慈悲心以後，就不會有各種敵人，也不會有仇恨，我們的心需要調柔到沒有敵人的狀態。

如果我們想要離苦，想要救度眾生，那就先斷除自己和眾生、自己和自己的敵對吧！

13 求佛

有一次，我去漢地的一個寺廟朝拜，進去的時候，遇到一個人。當時我拿著佛珠跪下來默念四皈依，那個人在我旁邊。他拿了一百塊錢放在手裡，然後就對著菩薩說話。他的聲音特別大，我能聽到他說：「菩薩你要加持，我明天要去某某地方，希望我遇到某某，希望她很喜歡我，很滿意我，你要加持，菩薩你要加持我！」他一直在大聲祈求著，對菩薩說得很認真，從他的聲音就能感受到他的心裡很著急。

我們都對佛菩薩有祈求。許多人心裡有個執著，認為自己在祈求時，聲音大一點的話，佛就能聽得更清楚。如果聲音小一點，佛就聽不到了。他把佛當成凡人，擔心如果自己說得不清楚，那麼佛對這件事情肯定就不清楚了。他對自己很用力，跪在佛的面前說：「菩薩，你要加持，你要慈悲加持我，我不要遇到一個對自己沒有幫助、對自己有損害的人，你不要讓我遇到這樣的人。」

我們想想自己是不是也這樣？進了寺院的時候，心裡充滿無限的願望，滿心想著的都是自己的打算，想著千萬別漏了哪一條，總是在一直求：希望我成為最有名的人，希望我成為最富的人，讓我更有錢些，讓我的病趕快好，讓所有人都說我的好話、讚嘆我……我們對佛菩薩的願望希求真是無量無邊！

也有人會說，如果我實現了願望，我會為佛菩薩或者為寺院做事情，我也不是白白求佛的。如果佛菩薩讓我實現了願望，先讓我滿意了，那我就有所回報，去做一些幫助寺院或眾生的事情。這多少還是有交易的意思！

有位師兄講過一件事，說有人給寺院捐了十塊錢，過一段時間來質問說：「我要做一樁能賺一萬塊錢的買賣，都已經來寺院交了十塊錢，給菩薩磕了頭，結果生意沒有賺到錢！」

大家開玩笑說，這個人就是佔便宜的心理嘛！自己佈施十塊錢，沒賺到自己預想的一萬塊錢就憤憤不平，他心裡想得多麼划算呀！他一定覺得給寺廟「投資」比去炒股票更穩妥呢！

其實我們在世間的福報不是求來的，而是修來的。「求佛」不如「發願」，不如盡快去「修行」，這樣更能解決我們面對的問題。因果是不虛的，同樣的願望，如果我們僅僅是在求，你沒有種下這樣福德資糧的因，諸佛菩薩也無法給你強加一個果。就像我們沒有在泥土裡播上種子，而你去求泥土裡長出你想要的大樹，這顯然是不可能的！求也只是白求，想也只是妄想。而我們發願，就像在泥土裡種下一顆種子，如果我們願意精進修行，能夠堅持去澆灌善根，最終我們的種子會慢慢長成大樹，我們的願望最終也會實現。

所以我覺得，我們當下要做的是踏踏實實修行。如果真的想要去求佛，那就求佛菩薩加持你，給你慈悲和智慧，讓你能夠盡早證悟菩提得到究竟的解脫。如果你懷著為了救度一切眾生而學佛的願望，你的發心就和無數修行人的發心一樣了，那諸佛菩薩一定會加持你早日實現這個願望的！

14 捨得，捨不得

我曾經看過這樣一個故事：一個老人家快要去世了，但他放心不下他的孩子們，就把他的三個兒子叫過來。他把家裡的房產證拿給大兒子說：「你已經有妻兒了，這個房子給你。」

然後又把二兒子叫過來，把自己存錢的卡交給二兒子說：「這裡面有錢，我給你。」最小的兒子還沒有找到老婆，老人就說：「孩子，我準備走了。房子已經給了你大哥，錢已經給了你二哥，我這個電話號碼本給你。這裡面有幾百個女人的電話號碼，這就給你了。」

這雖然是個笑話，但老人們大多都是這樣對孩子念念不忘地牽掛，擔心孩子沒有房子住、沒有飯吃、娶不到老婆，為了孩子他們什麼都捨得。

父母對自己的兒女是最無私的，為了孩子甚至連生命都可以奉獻，兒女要什麼他們都可以捨得。相較之下，兒女對父母的心就往往自私一點；兄弟姐妹之間，這樣無私捨得的心就會再弱一些；然後是親戚、朋友、同事。也就是說，我們是以這個人和我們關係的親疏遠近、是否值得來決定能不能捨得。如果對方是一個能給自己帶來利益的領導，那花再多錢、送再貴的禮物也捨得，這是在心裡先盤算了一下才做的，是一種交易。

我們每個人都有自己心愛的人和事，對於「我」的「喜歡」，往往都捨不得和別人分享或送給別人。但是我們修行要有成就，必須要修佈施，這讓許多人覺得很難。對於不太值錢而且自己也不需要的東西，大家覺得佈施出去並不太心疼，能捨得。可是如果要把自己最珍貴的東西佈施給別人，尤其是給自己並不喜歡甚至討厭的人，這幾乎是不可能的。

我們為什麼要佈施呢？

是為了讓眾生現在得到安寧。

怎麼修行佈施呢？

我們反覆地想：我就是為了讓眾生現在得到安寧而佈施的。

還沒有進入修行的人們可以這樣修。比如說，自己有最珍貴的東西、最捨不得的東西，這些我全部要送給需要的人們。想一想你卡裡面有多少錢，把錢取出來，就開始想起很多的眾生，然後把他們觀想在自己的旁邊，把這些錢拿出來給他們。當然你不能再想這是我觀想的，反正不是真實的，修完以後，錢還是我的。你要真實觀想你把這些錢捨出去，佈施給他們，解決了他們的飢餓窮困，他們很歡喜，你也很歡喜。

已經修行的人們除了這樣觀想去修，還可以這樣修：我們今天剛好做完五加行，修五加行的過程中所有的觀想、祈禱、唸的心咒，我們就把這些功德全部觀想起來，把它佈施給眾生。

這個時候，就算是修行人，也會有一點捨不得的感覺。

如果我們修行到可以捨得了，那再進一步：假如我們學佛十年了，那這十年裡面，我們唸了多少心咒？供養了多少錢？做了多少善根？我們把它們全部想一想，想好以後一點不留全部給可憐的眾生。

可能還會捨不得。如果我們修行到可以捨得了，那就再進一步：我從現在開始到死，乃至生生世世到最後成佛為止，我做的一切善根，我的一切福報全部佈施給所有眾生。

這確實有點困難。但我們要這樣認真地觀想，把所有的善根一點都不留，全部佈施給他們。我們打坐的時候就這樣想，我們重複去想、去訓練。而且要想到：我不講任何條件，不求任何回報，現世也不求，來世也不求。

我們打坐的時候這樣去想，我們也要訓練出坐以後在生活裡真的做到這樣。如果覺得實在太困難了，認為這可是真真實實的生活啊，那我們怎麼辦呢？那麼從現在開始，在吃飯的時候先做了簡供再吃，你不會簡供的話，就唸阿彌陀佛，也可以唸觀音菩薩心咒。每天把自己的食物在吃之前先佈施施給眾生，這也是佈施的一種。

漢地有一個說法，「捨得、捨得，有捨才有得。」這當然是從因果的角度去講，是勸化大家要有佈施心，現在捨出去，將來肯定會有更大的回報，這是勸人向善的意思，和我們無私的不求回報的佈施心，還是有點不同的。有的人說，應該是先得才捨，沒有得到東西的話，又拿什麼去捨呢？

其實，我們要修的，是一顆真正捨得而慈悲的心。

15 十五的月亮

我們修行當中也要量力而行，但是一旦決定了方向目標，就要堅定不移地走下去，這是生活的竅訣，也是修行的竅訣。

我們在佛學院學習的時候經常會考試，每次大家心裡都很害怕。而我剛進入佛學院的那年才七歲，就要去面對考試。考前聽說那天七個出家人中第一個考的就是我，他們都排在我後面。我從來沒有考試的經驗，心裡很著急，幾天都睡不好。

我們的堪布說：「害怕的時候要抓住自己的心，要冷靜。你們在最困難的時候要堅強，要想到自己是有這個能力的，不用擔心。這樣的人才有本事，最後才可以學成，成為班智達。學佛法的知識，你越怕越沒信心就越學不好。」

堪布說了以後，我也覺得是這樣的，於是調整了自己的心態，心裡就安靜了下來，那次考試的成績很不錯。

當我們面對痛苦的時候要堅強，這很重要。在遇到一些世間法問題的時候，比如說事業上遇到違緣、家庭裡出現了問題等等，學佛十幾年的人反而慌亂了：怎麼辦？我完蛋了！這都是因為定力不夠，沒有信心引起的，內心容易波動而飄浮不定。所以，我們一定要有足夠的定力，同時要明白這些都是三寶的加持，是給我們修行的機會。並且，我們要把惡緣或者違緣轉為善緣，轉為修行的助緣。能夠做到這樣，才是有了一定

的修為的表現。

在生活和修行中一直安穩無事，這是不可能的，我們都會遇到各式各樣的麻煩，在家人是這樣，出家人也是這樣。我自己也曾經在修行的過程中，遇到過很多需要去解決的事情。

有一年秋天，我們去化緣，化緣回來時每個人都有了一點錢。那個時候我們年齡都比較小，回到佛學院以後，大家經常忍不住去買速食麵和百事可樂。上師說：「你們去化緣，有了一點錢就用掉了，這樣做肯定是不對的。應該慢慢去花這個錢，買一些生活必需品，不能一下就花掉。一年有三百六十五天，每天都需要吃飯，都要花錢。如果學期沒結束就把錢花沒了，你們怎麼辦？那時候佛學院的課程安排也很緊，如果你說：『堪布你停一下講法，我要去化緣，等我回來以後你再講課！』——這是不可能的。所以你們現在有了一點錢，應該想到為了學法要節約，學會計畫，不能把它全部用掉。」

我們大多都是從小就到寺廟裡出家的，上師仁波切像父母一樣教我們怎麼生活，這是很好的。從另一個角度看的話，我們每個人的生活應該怎麼過？我覺得應該按照自己的能力去過。

很多人擁有了一點福報以後，就像漢地那種「暴發戶」似的開始買金子、銀子，脖子上戴很多的裝飾品，用名牌的東西，覺得自己很了不起，人們把他們這種行為叫「炫富」。有的人心想，天下唯獨我最厲害，這個天下最大的就是我，有這種傲慢心，說話的語氣也不一樣了。

其實，我們所有人的福報就像月亮一樣。有了福報要用來結善緣，利益大家。比如賺了錢我們就去放生、去做薈供、去結善緣做功德，那你的福報就像初一到十五的月亮一樣，一天一天地增長。你本來就有福報，福報還會越來越大。如果你有了一點福報以後，你不做善根，而把它用掉的話，那就像十五之後的月亮一樣會越來越小，最後成了細細的一個月牙。

所以，我們的生活要按照能力去規劃，如果根本不看自己的能力，超越了自己的能力去妄想欲求的話，又有壓力又有煩惱。

我們在修行當中也要量力而行，但是一旦決定了方向目標，就要堅定不移地走下去，這是生活的竅訣，也是修行的竅訣。

16 水晶

你丟過東西嗎？那些丟了的東西，彷彿未曾擁有過，卻也還有著擁有過的痕跡；或許它還存在於這個世界的某一個地方，或許它已經被另一個人擁有著，但和你已經不再有任何關係了。這和我們的夢多麼相似，和我們的輪迴多麼相似。

一切猶如夢一場，那你還牽念什麼？

今天我們的眼睛看到一個很漂亮的東西，心裡便會想這個東西好漂亮，很快就生起了貪心和貪執，希望得到它，希望這是「我的」。我們心裡有了這種想法，實際行為上也有了追求，這就是我們內在的執著和外在的執著。

那麼，執著的來源是哪裡呢？

比如，這裡有一個袋子，袋子裡面裝的都是我們認為喜歡的、重要的、捨不得丟掉的東西。袋子已經裝滿了，非常沉重，我們卻願意背著，哪怕壓得自己走不動路，哪怕因為害怕丟掉而天天煩惱著。我們就是不肯放下這個袋子，絕對捨不得丟掉袋子裡的任何一樣東西；也許將這些東西放在別人眼前，人家連看都不會看一眼，而我們卻都當成了寶貝。

這就像我們的心裡面裝有很多東西，上師和佛菩薩都叫你放下，而你就是做不到。有人自己也知道很多事情必須要放下，否則會很難受、很痛苦，但仍然還是做不到放下。

為什麼會這樣？那是因為無始以來，我們對這個貪心串習得太久太久了，一直有執著，對自性本來的清淨不明白。我們有貪、嗔、癡、慢，認為袋子裡的是真的，就一直在這個裡面去執著、去追求。

然後就是我們現在這個樣子：在輪迴裡面無奈地流轉，貪、嗔、癡、慢很重。

普賢王如來告訴我們，我們的本性非常清淨，安住在這裡就成就了，我們卻做不到。我們是輪迴裡的凡夫眾生，因為我們對外在的執著和內在的執著放不下，所以就有那麼多的分別念和那麼多的執念。

我們每個人都有一顆水晶，這顆水晶就是我們的本性。但是，我們大多數人的水晶，都已經被塵垢完全包裹，沒有了通透和純淨。我們甚至都不知道自己擁有這樣的如意寶。

我們說「心中有佛」，說的就是這個本性。本性清淨時，就像水晶一般非常光明而純淨，沒有一點污染，也沒有一點雜念；當我們沒有雜念時，也就遠離了一切戲論，不生不滅，不來不去。禪宗裡面講的也是這個，中觀裡面也講遠離「四邊八戲」，都是這個，然後就像水晶一樣清淨，這就是我們心的本性。我們現在要知道有這個「水晶」，必須要發現它，找到它我們就可以把附在它上面的污染雜念洗掉，也就是把我們都有的貪、嗔、癡、慢和雜念洗掉。當水晶的本身顯露出來的時候，本體就出來了，非常漂亮，純淨、通透沒有雜染。

其實，修行就是洗心的過程，是讓我們自性的水晶越來越純淨的過程。

17 貪念

我們大家都喜歡美好的事物。

我們的眼睛看到很多東西，就生起了貪心，喜歡看；耳朵也一樣，聽到各種聲音，尤其是別人對自己說好聽的、讚嘆的話，我們就很喜歡聽，並且希望有更多的人誇自己。如果旁邊有一個人講的是你的壞話，說的是你的缺點，這個時候，你的臉色就慢慢變得不好了，也不喜歡聽了。鼻子也是這樣的，聞到一個好聞的味道，我們就不斷地想聞；嘴巴也是，有美味的食物，我們就想吃，不斷地想吃。

「貪心」這個東西，如果自己不控制、不捨棄、不放下的話，它是永遠停不了的，只會越長越大。的確，我們的貪念就像一隻小動物，這隻小動物被我們自己一點一點培養起來，當牠長得越來越大，已經大到要危害到我們生命的時候，我們往往還是割捨不掉。

為什麼我們有喜歡聽和不喜歡聽的分別呢？因為在貪心的基礎上，有了執著。我們去追求這個的時候，貪心就會越長越大。所以，我們今天喜歡聽好話，明天也想聽好話，而且，一看到說好話的人，就會很開心，然後跟著他一起走。如果是說不好話的人，我們就不會喜歡他。

有個老管家跟我說：「我們以前建寺廟小經堂的時候，我覺得只要有一萬塊錢，就已經足夠做很多很多的事情；但是有了一萬塊錢以後，又覺得要有十萬塊錢就好了；十萬塊錢有了以後，還是覺得差很多

錢，願望就變得越來越多了起來。所以，我們一定要停一下，或者根據能力把現在手頭的事情做好，不要再去想太多。不然的話，我們會需要得太多，就永遠都滿足不了。」

最後他說：「我們一定要控制自己。不控制的話，那就會有很多慾望，太多了。」

確實，仔細想想，我們的貪心被我們訓練成什麼樣了呢？如果我們的心胸寬闊得像天空一樣該有多好啊！別人罵你不會生氣，別人打你也不會生氣。但是我們練習的卻是貪慾心，把自己的貪慾心變成和天空一樣大！自己也滿足不了自己的心，煩惱和更多的痛苦就會顯現出來，像喝鹽水一樣，越渴越喝，越喝就越渴。

我們越是享受眼、耳、鼻、舌、身、意帶給我們的享受，就會越增加貪心，所以我們必須要捨棄這個。

放棄讓我們貪戀的事物，心就自由了，再也不會為貪念所累了。

18 我們該具備的智慧

我曾去過梅里雪山，那一次有很多藏民跟我一起去轉山。當我們的卡車到了山腳下時，突然有一個員警把我們擋住了。當時卡車上坐了很多人，他說：「你們卡車的車廂裡不能拉人，必須要坐大巴車，否則很危險，不許走！」

那個員警是漢族人，我們車上這些人都是藏民，聽不懂漢語。這時我們車裡有個會說漢語的藏族人，他下車跟員警說：「員警，我們那麼遠過來轉山，這裡沒有中巴車，只能靠走路了，別人坐的也是卡車嘛！你不要擋住，求你放我們過去吧！」

員警就開始猶豫了，因為除了卡車，附近確實沒有別的車。一車人有老人和小孩子，靠走路是不可能的。

當時我們車上還有一個人，他爸爸以前是土司，所以藏民們對他比較尊重，他自己心裡也充滿了傲慢。因為在他的老家那邊是他說了算的，所以他以為這個地方也是一樣。他就下車到了員警面前說：「你不要說了，我是有身分的人，你不要擋住我！」他

態度傲慢地這樣說。

漢族的員警聽不懂，懂漢語的那個藏族人就這樣翻譯：「謝謝你，員警，你就放了我們，你看他都那麼老了，頭髮也白了，年紀也那麼大了，我們是去轉神山求菩薩保佑的，你就放一下我們吧！以後再也不這樣了！」

聽了此話，員警態度緩和了一些。結果土司的兒子卻認為：我說話很厲害嘛，大家都怕我，員警也怕我！

就像我們在盲人面前放上不同顏色的東西，在耳聾的人面前說好話和壞話一樣，結

果都是相同的，沒有分別。今天我們眼裡的一切，比如山河大地、男女老少，所有能看到的事物，就是我們的世俗世界。修行到一定時候，雖然還一樣能看得見、摸得著、聽得到，還有冷、熱、快樂、舒服、難受、痛苦等感受，但那時我們已經沒有了執著和分別。

我們放不下「我執」，所以很容易歡喜，也容易傷心，很容易狂妄自大，也容易自暴自棄。比如說我們今天很快樂，就非常歡喜，想要這個快樂永駐；又比如今天看到一個漂亮的東西，立刻就喜歡上了，並希望一直擁有它。擁有之後一旦失去，就接受不了。這說明，「我執」一直在心裡。

水面上有月亮的倒影，那月亮是漂在水面上，還是水的底下，又或者是水的中間呢？

其實水裡沒有月亮。大家的痛苦和快樂，也是一樣的。

對於世間的一切，佛陀都是清清楚楚的。修行到了一定時候，通達了空性，沒有執著也沒有分別。當斷除了「我執」和「法執」之後，就不會像世俗的凡夫人，有很多追求和放不下的東西了，因為一切都如彩虹一樣易逝。

19 我願為你承擔一切的苦

朗日塘巴格西的修行竅訣是這樣的：有損害的、沒有利益的壞事情，都由我來承擔；有利益的、勝利、快樂和幸福的事情，全部都奉獻給別人。朗日塘巴格西一生中一直在思維、一直在修這兩句話。

朗日塘巴格西圓寂以後，恰卡瓦格西去了另外一個格西家裡。那個格西的枕頭旁邊放了一本小書，恰卡瓦格西打開就看到了這兩句話。於是，恰卡瓦格西問那個格西：「這個話是誰說的？」

那個格西說：「這是朗日塘巴的竅訣。」

恰卡瓦格西問：「朗日塘巴現在是在哪裡呢？」

那個格西說：「他在朗塘閉關。」

恰卡瓦格西自那以後就開始去找朗日塘巴格西。他到了離朗塘還有一段距離的拉薩時，就打聽朗日塘巴。

一個人說：「朗日塘巴已經圓寂了。」

他問：「朗日塘巴圓寂了以後，他的弟子中有沒有懂這個竅訣的？」

那個人說：「他有兩個弟子。但是他們兩個因為這個寺廟有爭執，現在兩個人是分開的。」

恰卡瓦格西覺得，朗日塘巴是那麼殊勝的上師，但是他的兩個弟子卻為了寺廟發生爭執，那他們肯定是沒有這個竅訣的。

而事實上，朗日塘巴的兩個弟子是彼此尊敬、彼此讚嘆的，都對佛法有清淨心。一位格西說：「朗日塘巴

上師的功德在你的身上全部具備，你是最殊勝的，你一定要當住持。」另外一位格西說：「上師所有的功德全部傳給你了，你是最殊勝的，你要做住持。」最後，兩個弟子都沒有去當住持。

恰卡瓦格西聽到這些的時候就問：「現在還有哪個上師有這個法？」

他一直打聽，最後知道夏日瓦格西那裡有這個法。

然後，恰卡瓦格西就去夏日瓦格西那裡求法。他到寺廟時，夏日瓦格西正在傳法，當時有幾千個人在那裡

聽法。之後，他聽了六天的時間，但是，類似這兩句話的竅訣，他一句話都沒有聽到。

恰卡瓦格西想，這裡還是沒有這個法，那我還是離開這裡吧！！離開之前，他看到夏日瓦格西在轉經堂，就跟去見他。

夏日瓦格西問：「您有什麼事嗎？」

恰卡瓦格西說：「我看到了兩句竅訣，所以我到這裡來求這個法。但我這幾天聽法的時候，並沒有聽到類似的殊勝竅訣。」

夏日瓦格西說：「我現在也在修這個法。我一直在心裡思維、修習的法就是這個法。除了這個以外，我沒有什麼其他的法。」

恰卡瓦格西說：「那您能不能傳給我？」

夏日瓦格西說：「我可以傳，但是你必須要跟隨我六年，我才可以傳給你。」

恰卡瓦格西就跟隨夏日瓦格西了六年，最後修了這個法，成了成就者。

那他成就了以後怎麼樣呢？他一直在傳這個法，就這兩句。而且噶當派後面的所有上師們，每次的所作所為都是：一切功德迴向給其他眾生，自己擁有的一切福報全部給其他人；其他眾生哪裡有什麼不好的、有什麼障礙、有什麼災難，全部由自己來承擔。

竅訣看上去很簡單，只有兩句話，但對我們大多數的人來說很不容易做到。我們經常可以看到，當孩子生病的時候，父母會抱著孩子願意替孩子去承受病痛；親人們之間看到對方有痛苦，我們也許會願意替對方承受痛苦，但是對於別的不相干的人，我們就很難生起替別人承受痛苦的心。這樣一心想著別人，完全沒有自己，不求回報，不求做功德，也不求別人讚嘆，只是全心想著要對方好，其實就是無偽的菩提心。因為我們還有分別念，沒有辦法把所有人都當成自己的孩子、父母、兄弟姐妹、愛人來對待，那自然捨不得把自己擁有的幸福全部送給別人。

當我們心甘情願為所有人承擔一切的苦，我們就擁有了朗日塘巴格西修行的竅訣，我們可以學習他這樣發願：有損害的、沒有利益的壞事情，都由我來承擔，有利益的、勝利、快樂和幸福的事情，全部都奉獻給別人！

國家圖書館出版品預行編目 (CIP) 資料

最美的生命 / 丹真絨布仁波切著 .
-- 第一版 . -- 臺北市 : 樂果文化出版 : 紅螞蟻圖書發行 ,
2019.03
面 ; 公分 . -- (樂信仰 ; 14)
ISBN 978-957-9036-03-0(平裝)

1. 生命哲學 2. 自我實現

191.91 108002071

樂信仰 14

最美的生命

作　者 ／ 丹真絨布仁波切
總 編 輯 ／ 何南輝
行銷企劃 ／ 黃文秀
封面設計 ／ 引子設計
內頁設計 ／ 沙海潛行

出　版 ／ 樂果文化事業有限公司
讀者服務專線 ／ （02）2795-3656
劃撥帳號 ／ 50118837 號　樂果文化事業有限公司
印 刷 廠 ／ 卡樂彩色製版印刷有限公司
總 經 銷 ／ 紅螞蟻圖書有限公司
地　址 ／ 台北市內湖區舊宗路二段 121 巷 19 號（紅螞蟻資訊大樓）
電話：（02）2795-3656
傳真：（02）2795-4100

2019 年 3 月第一版 定價／ 320 元 ISBN 978-957-9036-03-0